Helen Unruh
Leben im Schatten der Bundeswehr
Biografie einer Offiziersfamilie

AF140193

Helen Unruh

Leben im Schatten der Bundeswehr
Biografie einer Offiziersfamilie

Ein Leben nach der Devise

„Erst die Armee und dann die Familie"

Bibliografische Information
der Deutschen Nationalbibliothek:
Die Deutsche Nationalbibliothek verzeichnet diese
Publikation in der Deutschen Nationalbibliografie;
detaillierte bibliografische Daten sind im Internet über
http://dnb.dnb.de abrufbar.

Umschlag- und Textgestaltung: Thomas Anthes
Foto: Helen Unruh

Titelbild:
Rechtevermerk: picture alliance / dpa / Jens Kalaene

Herstellung und Verlag:
BoD - Books on Demand, Norderstedt

ISBN: 978-3-738-60960-8
Auch als E-Book erhältlich

*Unseren Kindern,
die alles mitgetragen haben*

Inhalt

Einleitung -
Wer soll das mitmachen? 9

Die Anfänge (1969/70) 15

München -
der erste gemeinsame Wohnort (1971-1973) 18

Külsheim bei Tauberbischofsheim -
unser zweiter Wohnort (1973-1977) 29

Auf ins Ausland!
Brüssel - unser dritter Wohnort (1977-1979) 47

Nun geht es ins Westfälische!
Sendenhorst - unser vierter Wohnort (1979-1985) 64

Stadtallendorf in Hessen -
unser fünfter Wohnort (1985-1988) 79

Im vierten Bundesland! Heidelberg -
unser sechster Wohnort(1988-1990) 103

Das zweite Mal nach Belgien!
Brüssel - unser siebter Wohnort (1990-1994) 115

Die letzten Jahre
bis zur Pensionierung (1994-1999) 131

Wien!
Die Lösung nach der Pensionierung 140

Fazit unserer 30 Jahre
„Familienleben mit der Bundeswehr" 142

Gedanken zur gegenwärtigen
Situation von Bundeswehrfamilien 154

Anmerkungen 166

Einleitung -
Wer soll das mitmachen?

Es ist ein nasskalter Märztag. Das provisorische Tribünenzelt auf dem Exerzierplatz der Stadtallendorfer Herrenwald-Kaserne schützt die geladenen Gäste nur unzureichend vor Nieselregen und Windböen. Auch wir haben die lange Fahrt von Brüssel auf uns genommen, um die feierlich-wehmütige Auflösung des Artillerie-Bataillons und damit das Ende seiner jahrzehntelangen Präsenz an diesem Ort mitzuerleben. Die Marschmusik erklingt, und die Soldaten des gesamten Bataillons marschieren mit ihrem Gerät auf. Dann die Meldung an den Vorgesetzten, das Abschreiten der Front durch die leitenden Offiziere und Ehrengäste, die Ansprachen und das Spiel des Musikkorps.

Mir läuft ein Schauer über den Rücken. Das kenne ich alles nur zu gut. Wie oft habe ich als Frau eines Offiziers auf solchen Exerzierplätzen gesessen, um Kommandeurswechsel, Verabschiedungen, Bataillonsfeste, Fahnenweihen, Patenschaftsveranstaltungen und vieles mehr Einleitung mit zu begehen. Ich habe das nie sehr gerne getan, aber es gehörte einfach wie vieles andere, was ganz selbstverständlich von Angehörigen der Bundeswehr verlangt wird, zu unserem Leben. Und nun sitze ich frierend hier auf diesem weiten Platz in einem Zelt aus schweren Planen, vor mir die Frauen der Offiziere in formellen Kostümen und Hüten, und ich erkenne fast ein wenig schuldbewusst, wie weit dieses Leben inzwischen von uns und unserer Familie entfernt ist und dass ich darüber nicht traurig bin.

„Unsere" Pensionierung bzw. die meines Mannes liegt inzwischen 15 Jahre zurück. Wir haben als Offiziersfamilie rund 30 Jahre mit der Bundeswehr gelebt. In diesem Zeitraum sind wir 10 mal versetzt worden, davon 3 mal ins Ausland.

Fast immer sind wir mit unserem kompletten Hausstand umgezogen. Insgesamt 7 Jahre haben wir aus verschiedenen Gründen eine Wochenendehe geführt; zusätzlich gab es regelmäßig Trennungszeiten unter anderem aufgrund von Übungsplatzaufenthalten, Lehrgängen oder auch bei Versetzungen im Vorfeld der Umzüge. Unsere Kinder haben bis zum Abitur in den vier Bundesländern Bayern, Baden-Württemberg, Nordrhein-Westfalen und Hessen 4 bzw. 5 verschiedene Gymnasien besucht, wobei überall andere Lehrpläne galten.

„Wer soll das mitmachen?" – unter diesem provokanten Titel ist am 27. April 2014 in der Frankfurter Allgemeinen Sonntagszeitung ein ganzseitiger Artikel erschienen, in dem es um die häufigen Versetzungen und Auslandseinsätze, um starre Dienstzeiten, schlechte Versorgung mit Kita-Plätzen und andere Probleme geht, mit denen sich Bundeswehrangehörige in der heutigen (!) Zeit konfrontiert sehen. Und gleich unter der Überschrift zieht die Autorin Katrin Hummel das ernüchternde Fazit „Bundeswehr und Familie, das passt schlecht zusammen. Daran kann wohl auch Ursula von der Leyen so schnell nichts ändern."[1]

Die Bundeswehr hat sich in den letzten Jahren grundlegend geändert und ist nicht mehr die, die wir kannten. Die Wehrpflicht, die immer als Grundpfeiler für eine gesunde Einbettung der Armee in die Gesellschaft gegolten hat, wurde abgeschafft und die Personalstärke von rund 485.000 Soldaten im Jahr 1985 schrittweise bis heute auf rund 185.000 reduziert. Seit 2001 stehen auch Frauen alle Laufbahnen der Bundeswehr offen, und mit dem Ende des kalten Krieges sieht die Bundeswehr ihre Aufgabe nicht mehr vorrangig in der klassischen Landesverteidigung; vielmehr engagiert sie sich zunehmend in der Bekämpfung des internationalen Terrorismus und der Verhütung und Bewältigung von Krisen.[2]

Die Anforderungen an die Soldaten (und nun auch Soldatinnen) und ihre Familien sind also in den letzten Jahren um ein Vielfaches gestiegen. Umso erschrockener war ich, dass viele der in dem Artikel angeführten Rahmenbedingungen, unter denen die Bundeswehrangehörigen heute leiden und die offenbar noch immer nicht geändert werden können bzw. sollen, dieselben sind, die auch schon unserer Familie das Leben in und mit der Bundeswehr schwer gemacht haben.

Ein Zeitungsartikel wie der von Katrin Hummel ist verdienstvoll, denn er spricht Missstände offen an und lädt zu neuen Diskussionen und zum Nachdenken ein. Mich hat dieser Artikel zur Rückbesinnung angeregt. Ich habe lange vergessene Aufzeichnungen herausgekramt, die ich während unserer Bundeswehrzeit zunächst als blutjunge und später ältere und erfahrenere Offiziersfrau immer wieder einmal niedergeschrieben habe, wenn mich etwas besonders erfreut, beeindruckt, bedrückt oder auch geärgert hatte. Als ich sie nach so langer Zeit wieder las, war ich überrascht, wie anschaulich und lebendig hier die realen Umstände, unter denen wir als Familie gelebt haben, wiedergegeben werden. So entstand die Idee, die 30 Jahre unseres Bundeswehr-Lebens aus der Erinnerung heraus vollständig nachzuzeichnen und meine oben erwähnten, zeitnah geschriebenen Berichte wörtlich mit aufzunehmen.

Den Leser erwartet also eine Art Familienbiographie, wobei Vollständigkeit ausdrücklich nicht gewollt ist. Unser Familienleben wird deshalb nur soweit beschrieben, als es durch den Offizierberuf und die damit verbundenen Lebensumstände bestimmt und geprägt wurde. Umgekehrt ist auch der berufliche Werdegang meines Mannes nur dann Thema, wenn er sich zum Beispiel in Form von Versetzungen, Trennungszeiten, Beförderungen o.ä. auf das Familienleben ausgewirkt hat. Auch wenn das ganz persönliche Erleben unserer Familie in diesem Buch im Mittelpunkt der Betrachtung steht – es ist nur Mittel zum Zweck, um exemplarisch die besonderen Rahmenbedingungen und Herausforderungen, mit denen Offiziersfamilien zu unserer Zeit (1969-1999) konfrontiert wurden, aufzuzeigen und so auch Aussenstehenden einen Einblick zu ermöglichen.

Entsprechend dieser allgemeinen Zielsetzung sind die in diesem Buch erwähnten Vornamen Jost (mein Mann), Helen (ich), Doro (unsere Tochter) und Johannes (unser Sohn) und auch der Familienname Unruh Pseudonyme, die nichts mit unseren wirklichen Namen zu tun haben.

Zu guter Letzt: Ich würde mich freuen, wenn sich in der Beschreibung unseres „Lebens mit der Bundeswehr" auch andere aktive und frühere Bundeswehrangehörige wiederfinden, wenn es zum Vergleich mit der eigenen Vita anregen und vielleicht auch Mut machen würde, heutige Probleme selbst zu artikulieren und Veränderungen anzustoßen.

Eine besondere Freude wäre es für mich, wenn meine Aufzeichnungen dazu beitragen, dass Leser, die bisher wenig oder gar nichts mit der Bundeswehr zu tun hatten, eine Vorstellung davon bekommen, mit welchen Herausforderungen und Problemen Soldatenfamilien leben.

Natürlich wäre es schön, wenn das Buch auch von Verantwortungsträgern der Politik wahrgenommen würde. Noch während der letzten Arbeiten daran erfuhr die Öffentlichkeit von gravierenden Ausrüstungsmängeln, die die Einsatzfähigkeit der Bundeswehr ernsthaft gefährden. Hervorragendes militärisches Gerät ist ohne Zweifel ein überaus wichtiges Gut für die Funktionsfähigkeit einer Armee. Was aber wäre dieses Gerät ohne gut ausgebildete und motivierte Soldaten, die es bedienen? Um sie für den Dienst in der Bundeswehr zu gewinnen und nachhaltig zu begeistern, müssen ihnen und ihren Familien bestmögliche Arbeits- als auch Lebensbedingungen geboten werden. Das aber ist offenbar bisher nicht der Fall. Vielleicht kann dieses Buch ein zusätzlicher Anstoß sein, um die in dieser Hinsicht dringend nötigen Reformen weiter voranzutreiben.

Helen Unruh

Die Anfänge - 1969/1970

Meine „Laufbahn" in der Bundeswehr begann mit dem bedeutsamen Satz meines damals noch zukünftigen Ehemannes, seines Zeichens Oberleutnant der Bundeswehr: „Wenn wir heiraten, musst Du Dir darüber klar sein, dass für mich als Offizier zuerst die Armee kommt – und dann erst kommt die Familie!" Diese Äußerung fiel im Herbst 1969 in einem gemieteten VW-Käfer auf einem einsamen Bergpass oberhalb des Yosemite Valley im amerikanischen Kalifornien. Ich war gerade achtzehn Jahre alt geworden, hatte kurz vor meiner Abreise in die Vereinigten Staaten Jost auf einem Bundeswehrball in meiner Heimatstadt Regensburg kennengelernt, und wir hatten die drei letzten Wochen vor meinem Abflug, wann immer es ging, zusammen verbracht. Danach war der Herr Oberleutnant offenbar wild entschlossen, mich in Amerika zu besuchen, und hier waren wir nun. Erst die Armee – und irgendwann die Familie! Herrliche Aussichten für den Rest meines Lebens! Dennoch brachte ich es damals fertig, trotz eines gewissen Schocks und einer deutlich fühlbaren Ernüchterung nur wenig zu diesem Punkt zu sagen. In meinem Hinterkopf aber regte sich der diplomatische Gedanke, dass es ja wohl auch an mir läge, inwieweit dieser Satz zum Tragen kommen würde. Wir ließen also diesen Diskussionspunkt zunächst fallen, und ich betrachtete mich von nun an als die zukünftige Ehefrau eines deutschen Offiziers.

Zurück in der trauten Enge der Heimat verlobten wir uns sehr bald offiziell. Mir ist dieses Ereignis im Herbst 1970 nur insofern in deutlicher Erinnerung, als mir bei dem Anblick meiner zukünftigen Schwiegerfamilie klar wurde, dass ich in eine traditionsbewusste Offiziersfamilie einheiratete und dass ich wohl noch sehr viel lernen müsste. Tatsächlich sahen sie alle reizend aus und benahmen sich auch so. Meinen Schwiegervater in spe, selbst pensionierter Brigadegeneral, mochte ich von Anfang an. Er erschien mir als der Inbegriff eines Offiziers der alten Schule: kerzengerade, harte Schale, aber weicher Kern. Meine Schwiegermutter, mütterlich und warmherzig, würde mir, aus ihrer reichen Erfahrung als Frau eines Offiziers zehrend, sicherlich manch guten Ratschlag geben können. Mein Schwager – auch er führte die Familientradition fort – war einige Jahre älter als mein Mann und damit auch ein paar Dienstgrade höher. Selbst meine beiden Schwägerinnen hatten mit der Bundeswehr zu tun; die ältere war eine der ersten Bundeswehrärztinnen, die jüngere war mit einem Offizier verheiratet.

Zwischen Verlobung und kirchlicher Hochzeit lag – aus Steuergründen! – die berühmte „Standesamtliche". Diese wiederum war ein Kapitel für sich! Da mein Vater vernünftigerweise darauf bestanden hatte, mir, bevor er mich der Obhut eines Schwiegersohnes übergeben würde, wenigstens noch eine Sprachenausbildung angedeihen zu lassen, wohnte ich während dieser Zeit bei meinen Eltern in Regensburg, während mein Auserwählter von Amberg aus an die Heeresoffiziersschule (HOS) in München als Hörsaaloffizier versetzt worden war.[3] In dieser Funktion hatte er sich vor allem um das Wohl und Wehe der Fähnriche und zukünftigen Leutnante zu kümmern. Und so kam es, dass just am Tag unserer standesamtlichen Hochzeit (der natürlich nicht wichtig war, da eben nur aus Steuergründen) in München die Geburtstagsfeier eines Fähnrichs stattfand, zu der auch mein „Fast-Ehemann" geladen war und auf der er sich ausgesprochen wohl fühlte. Immerhin hatte er, wie er mir später sagte, ein komischen Gefühl in der Magengegend. Dennoch dauerte es eine Weile, bis ihn der Grund dafür wie ein Blitz traf. Er musste ja heiraten! In genau zwei Stunden sollte er vor dem Standesbeamten stehen, und im Hause seiner zukünftigen Schwiegereltern wurde er schon sehnlichst erwartet. Ich war tatsächlich nervös geworden. Nachdem ich einige Zeit damit verbracht hatte, von Fenster zu Fenster zu laufen und immer wieder auf die leere Straße zu blicken, nahm ich schließlich den Telefonhörer ab, um das Standesamt zumindest vorzuwarnen, dass wir uns verspäten könnten. Meine Stimmung wurde auch nicht besser, als ich am anderen Ende der Leitung eine sehr sachliche Stimme vernahm, die mir nüchtern mitteilte, dass es durchaus nichts Ungewöhnliches sei, wenn der Bräutigam in letzter Minute doch noch einen Rückzieher mache. Wenigstens das blieb mir erspart. Er kreuzte buchstäblich in letzter Sekunde auf, und ich wurde nun endgültig die glückliche Ehefrau des Oberleutnants Unruh.

München -
der erste gemeinsame Wohnort (1971/1973)

Nachdem ich meine Prüfung an der Sprachenschule bestanden hatte und wir kirchlich getraut waren, gab es väterlicherseits keine Einwände mehr, die Gründung des neuen Haushalts in München in Angriff zu nehmen.

München! Ein wunderbarer Standort, um eine Ehe zu beginnen! Jung, ungebunden, offen und aufnahmefähig für alles Neue und – was wichtig ist – noch nicht allzu sehr eingebunden in das Bundeswehrleben und die Ansprüche dieses Berufs in den späteren Jahren. Durch private Beziehungen bekamen wir schnell und unbürokratisch eine kleine Zweizimmerwohnung in einem älteren, aber sehr gepflegten Stadthaus im Herzen von München in der Nähe des Rotkreuz-Platzes. Schwierig gestaltete sich allerdings die Möblierung der rund 50 qm, da unser finanzielles Polster mäßig bzw. nicht vorhanden war. Dabei muss bemerkt werden, dass mein Mann vor unserer Ehe wohl das Leben eines „Leutnants alter Schule" gelebt hatte. Die Folge war, dass die Einnahmen bzw. spärliche Mitgift meinerseits und andererseits die Ausgaben bzw. das, was der Leutnant alter Schule zu viel zum Leben gebraucht hatte (wobei der oben erwähnte Besuch in den USA dazu zählte) sich die Waage hielten und somit nicht ein Pfennig für die Haushaltsgründung zur Verfügung stand. Das Gehalt des Herrn Oberleutnant war so bemessen, dass uns genau 50 DM Haushaltsgeld in der Woche am Leben erhielten und an Kleidung, Möbel oder sogar ein neues Auto überhaupt nicht zu denken war. So lebten wir denn glücklich und völlig unbefangen monatelang mit einem Autogepäckträger im Schlafzimmer, an dem die selbstverständlich maßgeschneiderten Uniformen des Hausherrn hingen. In der Küche stand zunächst nicht viel mehr als ein alter Herd, im Wohnzimmer zumindest ein geerbter Couchtisch, ein bemalter barocker Bauernschrank, den wir zur Hochzeit geschenkt bekommen hatten und eine bildschöne Biedermeierkommode, die meine geniale Großmutter vor Jahren in einem völlig herunter gekommenen Zustand bei einem Trödler gekauft und dort für spätere Zeiten deponiert hatte. Aber natürlich gab es auch diverse Sitzgelegenheiten! Ein ungeheuer mächtiger Ohrensessel, der für meine Großmutter zu schwer geworden war, ein Lederpuff, den wir – weil er einen großen Fleck hatte – billiger bekommen hatten und mehrere geradezu fürchterliche Clubsessel einer alten Tante, die Mitleid mit uns bekommen und die Gelegenheit beim Schopfe gepackt hatte, um sich selbst eine neue Sitzecke zu leisten.

Man möge nun nicht glauben, dass wir Bedenken gehabt hätten, in dieser Umgebung Gäste zu empfangen! Auf die Idee, uns für irgendetwas zu genieren, kamen wir gar nicht! Jost hatte ja an der Heeresoffiziersschule hauptsächlich mit jungen Menschen zu tun, und unseren Freunden und Bekannten, die sich aus diesem Kreis zusammensetzten, war es völlig egal, auf was sie saßen, solange es nur gemütlich war. Nächtelang wurde bei billigem französischen Tafelwein Monopoly gespielt und über Gott, die Welt und manchmal auch den Dienst diskutiert. Die Köpfe dieser jungen Offiziere waren noch voller Ideen und Vorstellungen, was und wie sie später manches verwirklichen wollten, voller Vorfreude auf ihre nächsten Verwendungen, bald eine Kompanie und später vielleicht einmal ein Bataillon zu führen. Ich war die einzige Frau in diesem Kreis, langweilte mich jedoch in keiner Weise.

Natürlich bewegten wir uns in dieser Zeit nicht nur unter Gleichaltrigen. Kaffee- und Abendeinladungen bei älteren Offizieren und Vorgesetzten, Vorträge und Besichtigungsfahrten, die durch die Frau des Kommandeurs der HOS organisiert wurden, festliche Abendveranstaltungen und Bälle – all das, was zumindest damals jeden Bundeswehrangehörigen sein Leben lang begleitete, war auch in München vorhanden und in gewisser Weise Pflicht. Ich sah es eher positiv unter dem Blickwinkel, meine ersten gesellschaftlichen Erfahrungen zu machen. Je nach Anlass stürzte ich mich in eine dunkelblaue Rock-Twinset- Kombination oder ein schwarzes Kleid mit breitem weißen Kragen (beides von meinen Schwiegereltern gestiftet, damit ich bei solchen Gelegenheiten auch wie ihre Schwiegertochter aussah!) und tat mein Bestes, den nun, dank dem damaligen Verteidigungsminister Helmut Schmidt, unerwartet früh zum Hauptmann beförderten Ehemann zumindest nicht zu blamieren.

München - der erste gemeinsame Wohnort (1972/1973)

Bald merkten wir, dass der Übergang vom Junggesellen ins Ehe- und Berufsleben gar nicht so einfach ist, und rein gefühlsmäßig haben wir damals und auch weiterhin wohl das Richtige getan, indem wir uns gegenseitig genügend Freiraum gelassen haben, das zu tun, worauf jeder Lust hatte. So war es für Jost nie ein Diskussionspunkt, dass ich den Wunsch hatte, mich weiterzubilden und meine Sprachausbildung an der Schmidt-Dolmetscher-Schule in München zu vervollkommnen. Er hatte auch nichts dagegen, dass ich mich kurzerhand bei einem großen Schuhhaus als Schuhverkäuferin verpflichtete, um das Geld für die unten beschriebene Persienfahrt zu verdienen. So fuhr ich morgens mit meinem knallroten Vesparoller (auch das war jetzt noch möglich!) zur Vorlesung, verkaufte nachmittags Schuhe und hatte abends oder wann immer es nötig war ein offenes Haus. Ich fand es auch nicht schlimm, wenn der Hausherr erst um 10 Uhr abends mit mehreren hungrigen jungen Männern erschien, die sich dann allerdings mit Pellkartoffeln und Quark zufrieden geben mussten. So lebten wir auf eine seltsame Weise miteinander, ohne einen Anspruch aufeinander zu erheben, und wuchsen unbewusst doch immer mehr zu einer Einheit zusammen, was bei unserem zukünftigen Leben in und mit der Bundeswehr auch nötig war.

Mit dieser Münchner Anfangszeit sind drei für uns unvergessliche Erlebnisse verbunden, die uns ohne die Zugehörigkeit zur Bundeswehr nie geboten worden wären: Die Olympischen Spiele 1972, der Münchner Margaritenball und die oben bereits erwähnte Fahrt nach Persien.

Olympische Spiele 1972

Ein meiner Ansicht nach positiver Aspekt im Leben eines Offiziers ist es, dass er jederzeit, oft ohne jegliche Vorwarnung, damit rechnen muss, mit Aufgaben betraut zu werden, von denen er bis zum Zeitpunkt der Auftragserteilung keine Ahnung hatte, in der Annahme, dass er sie, dank seiner vorausgesetzten Flexibilität und hohen Auffassungsgabe, mit Bravour lösen wird. Solch ein Auftrag muss nicht notgedrungen zu einer Belastung werden. Im Gegenteil. Oft öffnet sich dadurch eine Chance, auf einem bisher unbekannten Gebiet, Erfahrungen zu sammeln, neue und interessante Menschen kennenzulernen und in eine Welt Einblick zu erhalten, von der man – sei es aus Altersgründen, mangelnden finanziellen Möglichkeiten oder weil sie völlig artfremd ist, was die eigene Lebenswirklichkeit angeht – sonst nur in den Illustrierten liest oder träumen kann. All das wurde uns durch die Olympischen Spiele 1972 in München ermöglicht.

Da die Vorbereitungen und schließlich auch die Durchführung zum großen Teil durch in München und Umgebung stationiertes Militär bewerkstelligt werden sollte, wurden viele Offiziere der HOS (sie

lag glücklicherweise in direkter Nähe des Olympiage-
ländes) mit unterschiedlichen Aufgaben betraut. Jost
erhielt – ich glaube, es war purer Zufall – die ehren-
volle und auch reizvolle Aufgabe, gemeinsam mit dem
früheren 110- Meter-Hürdenläufer und Marineoffizier
Hinrich John die ehemaligen deutschen Goldmedail-
lengewinner zu betreuen. Dabei lag der Schwerpunkt
in der Organisation und Durchführung eines 14-tägigen
Unterhaltungsprogramms für die zum Teil von weither
angereisten ehemaligen Olympiateilnehmer.

Eine interessante neue Erfahrung für Jost und auch
mich war die Tatsache, dass der allein an Uniform
Gewöhnte dieselbe nun allmorgendlich nicht mehr an-
legte, sondern den sogenannten „Olympiadress". Er bestand aus einer grauen Sommerhose, einem hellblauen
Hemd, taubenblauen (!) Strümpfen und einem Jackett
derselben Farbe. Jeder, der an der Olympia-Organisati-
on beteiligt war, erhielt diese Ausstattung in doppelter
Ausführung, und so war München im Vorfeld und während der Olympischen Spiele von taubenblau gekleideten Männern übersät.

Während mein Ehemann sich in den vorolympischen
Monaten mit wachsender Begeisterung darum bemühte, im Rahmen des Betreuungsprogramms Füh-
rungen, Konzert- und Theaterbesuche, Vorträge und
Empfänge vorzubereiten, blieb mir nichts anderes übrig, als mein gewohntes Leben mit Sprachenschule und
Schuhverkauf weiter zu leben. Aber auch ich profitierte

in dieser Zeit von der Olympiatätigkeit meines Mannes, indem ich gesundheitsfördernde Mitbringsel wie Olympia-Joghurt und -Buttermilch, Olympia-Schokolade und Ovomaltine, mit denen die so überlasteten „Orgamänner" von den Firmen förmlich überschüttet wurden, nach meinen anstrengenden Arbeitstagen mit Begeisterung vertilgte. Abgesehen von den Naturalien kamen wir des öfteren in den Genuss von kostenlosen Konzerten, Theater- und Ballettaufführungen ,und obwohl uns nicht ganz klar war, aus welchem Grund uns dies alles zuteil wurde, nahmen wir freudig an, dass es wahrscheinlich dazu nützen sollte, die fleißigen Arbeitsbienen des Olympischen Organisationskomitees bei Laune zu halten.

Aber auch die eigentliche Olympiade wurde für uns beide zu einem unvergesslichen Erlebnis. Die Eröffnungsfeier genauso wie die beeindruckende Schlussfeier (man erinnere sich an den Terrorakt gegen die israelischen Sportler) konnten wir zwischen den ehemaligen Goldmedaillengewinnern auf der Ehrentribüne erleben, und für fast alle Wettbewerbe wurden uns Freikarten zur Verfügung gestellt. Während dieser vierzehn olympischen Tage bewegten wir uns bald sehr selbstverständlich auf Empfängen, Bällen, Konzerten und anderen Veranstaltungen zwischen allen möglichen bekannten Persönlichkeiten wie Staatsoberhäuptern, Schauspielern, Spitzensportlern, dem sog. Geldadel und der Münchner Schickeria. Besonders beeindruckt aber waren wir von den ehemaligen

Goldmedaillen-Gewinnern, mit denen wir teilweise auch noch nach der Olympiade für längere Zeit freundschaftliche Kontakte pflegten. Die meisten von ihnen waren ja nicht mehr in den Schlagzeilen und von Herzen dankbar für die liebevolle Betreuung und das reichhaltige Programm, das ihnen geboten wurde. Man merkte ihnen an, dass sie diese Tage in München als ein wahres Geschenk betrachteten und nicht alles für selbstverständlich hielten.

Der Münchner Margaritenball und die Persienreise

Wo findet man eine größere Anzahl junger Männer, ledig und in der Lage, sich ordentlich zu benehmen und dazu noch bereit, zusammen mit zunächst wildfremden jungen Damen die Polonaise beim traditionellen Margaritenball zu tanzen? Die Anfrage bei der HOS München von Seiten des Veranstalters bzw. der Tanzschule, die die jungen Paare für den großen Auftritt trainieren sollte, fand jedenfalls großen Anklang, und sogar mein an sich für derartige Unternehmungen nicht sehr begeisterungsfähiger Mann entschloss sich, mich kurzerhand zur Debütantin zu machen und auch uns beide anzumelden. Dabei mag ein bestimmter Zugzwang eine Rolle gespielt haben, da fast der komplette Hörsaal und unser ganzer lediger Bekanntenkreis das Vorhaben durchaus reizvoll fanden. Obwohl uns etliche Trainingsstunden auferlegt wurden, wir das einzige verheiratete Paar waren und uns zeitweise in die Tanzstunde zurückversetzt vorkamen, gehören die Kneipentreffen nach den Übungsabenden und der Ball selber doch zu den wirklich schönen Erinnerungen.

An einem dieser Abende wurde aus einer Bierlaune heraus und in Anwesenheit mehrerer persischer Kadetten, die zu dieser Zeit einen Lehrgang in der HOS absolvierten[4], eine völlig verrückte Idee geboren, die zunächst flachsend diskutiert und dann von Abend zu Abend konkreter wurde. Gemeinsam mit zwei befreundeten Hörsaaloffizieren wollten wir nach der Olympiade eine lange Reise nach Persien unternehmen mit dem Ziel, dass die Männer auf Vermittlung des persischen Militärattachés in Deutschland dort das persische Fallschirmspringerabzeichen erwerben. Transportmittel sollte ein alter VW-Bus sein, der nur mit einem Minimum an Utensilien ausgestattet werden sollte. Hotelübernachtungen waren nicht geplant; vielmehr wollten wir im Freien schlafen, und alles sollte so spartanisch und soldatenmäßig ablaufen wie möglich. Was unsere äußerst beschränkten finanziellen Möglichkeiten anging, so habe ich diese ja schon vorher beschrieben. Dennoch bestand für uns überhaupt kein Zweifel, dass wir eine Möglichkeit finden würden, um die erforderlichen 4000 DM, die wir nach nächtelangen Berechnungen für unabdingbar ansahen, zu verdienen. Die Lösung bestand in meiner bereits erwähnten Tätigkeit als Schuhverkäuferin, der ich für die nächsten Monate mit viel Spass und erstaunlichem Erfolg nachging, wahrscheinlich weil ich völlig unbefangen und begeistert davon, das erste Mal selbst Geld zu verdienen, an die Sache heranging.

Auf dieser sieben Wochen dauernden Reise erhielt ich als noch ziemlich junge und unerfahrene Ehefrau eines deutschen Offiziers die Möglichkeit, nachzuvollziehen, wie sich Soldaten auf Übungen fühlen müssen. Da wir erst kurz verheiratet waren und sowohl mein Mann als auch seine beiden Kameraden keinerlei Ahnung von den Bedürfnissen oder Ängsten einer Frau hatten, vielleicht auch nicht unbedingt gewillt waren, sich darüber Gedanken zu machen, wurde keinerlei Rücksicht auf mich genommen. So erfuhr ich, wie es ist, Nacht für Nacht in den Schlafsack gehüllt unter freiem Himmel zu schlafen; ich lernte, wie man auf einer winzigen Gasflamme ein komplettes Frühstück mit Eiern und Kaffee zubereitet, in gefährlichen Situationen (wir fuhren durch die schon damals berüchtigte Osttürkei und menschenleere Wüstengebiete) die Nerven zu behalten, die Müdigkeit zu überwinden und nachts in verlassenen und unwegsamen Gegenden stundenlang selbst den Bus zu fahren, während die anderen schliefen. Davon abgesehen, dass diese Fahrt für uns alle eine wunderbare Erfahrung war, war sie für mich auch eine wahre Härteprüfung, die mir aber einen guten Einblick in die Gedanken- und Gefühlswelt und auch die Lebensart dieser jungen Offiziere vermittelte. Vielleicht wurde durch diese Reise der Grundstein für meine in den nächsten Jahren noch oft auf die Probe gestellte Bereitschaft gelegt, aus den vielen schwierigen Situationen, die sich aus dem Leben in und mit der Bundeswehr ergaben, das Beste zu machen und das Positive in jedem Negativen zu suchen.

Külsheim bei Tauberbischofsheim - unser zweiter Wohnort (1973-1977)

Frühjahr 1973. Wir erwarten unser erstes Kind, und Jost wird als Chef einer Panzerkompanie nach Külsheim versetzt, eine Verwendung, auf die er sich schon lange gefreut hat. Aber Külsheim? Nie etwas von diesem Ort gehört! Nachdem wir den Atlas zu Rate gezogen und entdeckt hatten, dass er wohl irgendwo im letzten Zipfel von Baden – später hörten wir, dass böse Zungen diese Region aufgrund ihrer Abgeschiedenheit auch als Badisch-Sibirien bezeichnet haben – liegen müsse, machte sich zumindest bei mir eine gewisse Ernüchterung breit. Oh München, ich werde Dich vermissen! Auf der anderen Seite gewann dann allmählich der Gedanke, auf dem Land zu leben und unserem noch nicht geborenen Nachwuchs gesunde Luft, vielleicht eine Wohnung mit Garten und ein freizügiges Aufwachsen zu ermöglichen, durchaus an Reiz.

Aber wie sollten wir nun eine für uns drei geeignete Wohnung finden?[5] Die Suche begann bei der sog. Wohnungsfürsorge der Külsheimer Standortverwaltung. Nachdem wir eine Bestätigung meines Arztes vorgelegt hatten, dass wir bald zu dritt sein würden, stand uns eine „Dreizimmer-Bundesdarlehenswohnung" zu.

In Külsheim gab es damals eine große Wohnsiedlung, im Bundeswehrjargon „Ghetto" genannt. Block reihte sich an Block, wobei etliche Fenster ohne Gardinen auf Leerstände hinwiesen. Wohnungen gab es also in Hülle und Fülle – allerdings nur mit Ofenheizung!

Külsheim - unser zweiter Wohnort (1973-1977)

Nach diesen so gar nicht reizvollen Angeboten sah der Bundeswehrverwaltungsbeamte nun auch seine Pflicht als erfüllt an. Man hatte dem Neuen ja etwas angeboten, und wenn der der Meinung war, dass diese Wohnung nicht gut genug für seine Familie war, dann musste er eben etwas auf dem privaten Wohnungsmarkt suchen. Das Problem wurde schließlich anders gelöst. Die Sekretärin meines Mannes zog aus ihrer Dreizimmer-Bundesdarlehenswohnung in einem Zweifamilienhaus aus, und Jost zögerte nicht lange, sie zu übernehmen. Auch ich war damit einverstanden, ohne sie vorher in Augenschein genommen zu haben, denn für unsere Zwecke lag sie ideal, nicht weit von der Kaserne und am Rande eines Feldes mit einem Bauernhof in der Nachbarschaft. Sogar ein Garten gehörte dazu, der, wenn auch ohne richtige Terrasse und nur vom Küchenfenster einsehbar, für unseren noch sehr kleinen und anspruchslosen Haushalt genügend Platz versprach.

Just zum Zeitpunkt unseres Umzugs aber begann unser bereits vom Arzt bestätigtes drittes Familienmitglied Schwierigkeiten zu machen. So musste der zukünftige Familienvater unseren ersten und noch überschaubaren Umzug von München nach Külsheim alleine bewältigen, während ich reichlich unruhig und immer in Angst, das Kind zu verlieren, im Krankenhaus in München lag.

Dann aber kam der Tag, an dem ich mit der dringenden Empfehlung, mich zu schonen und nur nichts Schweres zu heben, mich weder viel zu bücken noch zu strecken, entlassen wurde. Nun endlich sollte ich den Ort kennenlernen, der für die nächsten Jahre unsere Heimat sein würde. Die Fahrt nach Külsheim habe ich als spannend in Erinnerung. Je näher wir dem Ort kamen, desto mehr wuchs meine Aufregung. Wie würde das Städtchen aussehen, wie unsere Wohnung, und was würde die neue Verwendung meines Mannes als Kompaniechef für mich bedeuten?

Die Fahrt führte uns von München über Würzburg nach Tauberbischofsheim, wo ein Schild am Ortsrand „Külsheim 12 km" unser Ziel ankündigte! Den Kommentar meines schon ortskundigen Ehemannes „Nun geht es in die Einöde" fand ich eher romantisch. Aber wahrlich! Zwischen Tauberbischofsheim und Külsheim erstreckt sich eine wunderschöne Landschaft: Hügel und Wälder, Wiesen und Felder und so gut wie kein Haus! Schließlich tauchte nach einer mir endlos vorkommenden Zeit in einer Senke gelegen Külsheim auf. Das Städtchen, das schon vor der Großstadt Frankfurt Stadtrechte besaß, erwies sich als ein zugegeben reizendes Dorf mit Fachwerkhäusern, einem Brunnen vor dem Rathaus, mit Schloss und Kirche, ein paar Läden und Kneipen, einigen verwinkelte Gässchen, bergauf und bergab. In den Außenbereichen etwas erhöht gelegen die freundliche, moderne Kaserne und Neubaugebiete rund um den Kern. Nichts Aufregendes, aber – immer vorausgesetzt man war bereit, München zu vergessen – ein Ort, der warm und irgendwie anheimelnd wirkte, an dem das Leben nicht anonym und unbeobachtet sein würde und Kinder bestimmt behütet und gesund aufwachsen konnten.

Dann endlich erschien unser neues Zuhause – ein typisches Haus, das mit einem Bundesdarlehen errichtet worden war.[6] Ungepflegt, man könnte fast sagen heruntergekommen, die Fassade lange nicht gestrichen, die Balkongeländer rostig, das Garagentor abgeblättert grau. Doch das alles war im Augenblick nebensächlich. Wie würde es im Inneren der Wohnung aussehen, mit unseren Möbeln? Um es gleich zu sagen: Es sah überhaupt nicht aus. In den wenigen Tagen zwischen Umzug und meiner Ankunft in Külsheim war Jost vollauf mit der Führung seiner Kompanie beschäftigt, sodass unsere Wohnung zurückstehen musste.

Nun türmten sich Kisten über, unter und nebeneinander. Kein Möbelstück stand auf seinem Platz, kein Schrank war eingeräumt; es gab keinen Platz zum Treten noch um sich auszuruhen. An Sich-Schonen, Sich-nicht- Strecken, Bücken und Nicht- schwer-Tragen war nicht zu denken! Bei jedem Ziehen im Bauch war mir zum Heulen zumute.

Aber Gott sei Dank war da ja auch noch die große Küche, eigentlich der schönste Raum in der Wohnung. Während man vom Wohn- Kinder- und Schlafzimmer einen unvermeidlichen Blick auf die allerdings wenig befahrene Straße und ein gegenüber liegendes kleines Fuhrunternehmen hatte, genoss man vom Küchenfenster aus die Sicht auf ein freies Feld, das sich direkt an unseren Stoppelgarten anschloss. Die Küche war mannshoch gelb gekachelt. Um sie etwas gemütlicher zu machen, verpassten wir der Decke einen dunkelgrünen Anstrich. Ausgestattet war sie mit einem völlig vermackten, uralten Einfachherd und einer Spüle, die mit grauer Munitionsfarbe gestrichen war. Mit unserem riesigen amerikanischen Kühlschrank (ein Prachtstück, auf das wir sehr stolz waren und das wir über einen befreundeten Amerikaner für wenig Geld hatten kaufen können) und einem von Bekannten übernommenen Resopaltisch nebst passenden Stühlen war die Küche zumindest ein geordneter Raum, von dem aus man das sonstige Durcheinander Schritt für Schritt entwirren konnte.

Bald hatten wir das Schlimmste geschafft und sehr bald danach kam auch die Zeit des ersten Abschieds von Jost. Drei Wochen Übungsplatzaufenthalt! Das bedeutete drei Wochen allein sein mit mir und meiner Angst um das noch ungeborene Baby, allein in einer völlig fremden Umgebung, ohne Zeit gehabt zu haben, irgendwelche Kontakte zu knüpfen oder jemand kennen zu lernen, der im Notfall für mich da sein könnte. Ich verbrachte die mir endlos erscheinende Zeit damit, langsam unseren Haushalt zu ordnen, stundenlang zu schlafen und manchmal spazieren zu gehen, wegen dem Ziehen im Bauch Valium zu schlucken, viele der vorhandenen Bücher zu lesen und Nächte lang aus Angst vor dem ungewohnten Alleinsein schlaflos zu liegen.

Ich glaube, ich war nie mehr so froh wie damals, als das in Külsheim überall hörbare laute Rollgeräusch der zurückkehrenden Panzer das Übungsende und damit auch die baldige Rückkehr der Männer ankündigte. Wie oft habe ich im Laufe unseres Bundeswehrlebens die Verpflichtung an dienstlichen Veranstaltungen, an Geburtstagsfeiern, Kaffeetrinken und diversen Unternehmungen teilzunehmen, als Belastung empfunden – wie oft aber auch als eine wahre Hilfe!!! In jenen Tagen in Külsheim hätte ich etwas darum gegeben, bereits in diesem Kreis heimisch zu sein, Erfahrungen auszutauschen oder etwas gemeinsam mit anderen zu unternehmen.

Die Geburt unseres ersten Kindes

Im November 1973 kam unsere Tochter Doro zur Welt. Sie hatte sich einen denkbar ungünstigen Geburtstermin ausgesucht, da sich ihr Vater zu dieser Zeit mit seiner Kompanie für mehrere Wochen auf dem Übungsplatz in Hohenfels[7] aufhielt. Ganz abgesehen davon, dass sie drei Wochen zu früh geboren wurde, kündigte sie sich auch noch während eines echten Schneesturms an.

Ich sehe alles noch genau vor mir: Die Fruchtblase war geplatzt und die ersten Wehen setzten ein. Ich stand in unserer Wohnung am Fenster, sah in das dichte Schneetreiben und beobachtete, wie der Schnee auf der Straße immer höher wurde. Meine Schwiegermutter (sie stand mir in der Abwesenheit meines Mannes zur Seite) und ich waren uns einig, dass nun etwas sehr schnell geschehen musste. Aber was? Mit dem eigenen Auto zu fahren erschien mir bei den Witterungsverhältnissen zu riskant, vor allem auch, weil die Fahrt rund zwanzig Kilometer durch fast unbewohntes Gebiet führen würde. Wen sollte ich anrufen? Wir wohnten noch nicht lange in Külsheim. Die Kontakte zu anderen Bundeswehrangehörigen hielten sich deshalb in Grenzen. So rief ich auf gut Glück im Offizierkasino an und fragte, ob eventuell irgendein Offizier aus unserem Bataillon da wäre. Tatsächlich meldet sich ein Kon-Chef meines Mannes, der sich auch sofort als Transporthilfe bereit erklärte. Wie erleichtert war ich, als er nur wenige Minuten später vor unserer Tür stand, allerdings mit einem schicken Zweisitzer-Cabrio! So entschieden wir uns, angesichts meines doch erheblichen Bauchumfangs und des schlechten Wetters unseren eigenen Audi 80 zu nehmen. Und dann fuhren wir los, im Schneckentempo durch Felder und Wälder und im dichten Schneegestöber. Bald konnte man die Trasse der Straße nur noch mit Schwierigkeiten erkennen. Obwohl die Wehen in immer kürzer werdenden Abständen kamen, war ich zunächst erstaunlicherweise nicht besonders beunruhigt, da ich gehört hatte, dass das beim ersten Kind alles nicht so schnell ginge. Das änderte sich jedoch schlagartig, als vor uns auf der Landstraße ein Blaulicht und mehrere gestaute Autos auftauchten. Ein Unfall! Vorbeifahren ausgeschlossen. Auch mein mutiger Retter, der selbst frisch verheiratet war, noch keine Kinder und damit auch keinerlei Erfahrung mit einer bald gebärenden Frau hatte, wurde nun unruhig. Er rannte zu den Polizisten und machte ihnen klar, dass sie uns, wenn sie nicht bei der Geburt dabei sein wollten, in irgendeiner Weise ins Krankenhaus durchschleusen müssten. Und so kam es, dass wir mit Polizeibegleitung bald darauf sicher das Wertheimer Krankenhaus erreichten.

Dort gingen alle ganz selbstverständlich davon aus, dass es sich bei dem Mann im militärischen Arbeitsanzug und schweren Stiefeln an meiner Seite um den werdenden Vater handelte, und so durfte er vor dem Untersuchungszimmer warten und mich auch noch zum Kreissaal begleiten. Als schließlich klar war, dass ich gut versorgt wurde, verabschiedete er sich, wünschte mir Glück und verschwand. Frühmorgens wurde unsere Tochter geboren. Obwohl sie lange vor dem errechneten Termin das Licht der Welt erblickt hatte, war sie dennoch so fit, dass sie schon am nächsten Tag aus dem Brutkasten entlassen wurde.

Und was machte der frisch gebackene Vater? Die frohe Botschaft wurde ihm beim morgendlichen Antreten seiner Kompanie auf dem Übungsplatz überbracht, so dass sie gleich voller Freude an die Männer weitergegeben und im Anschluss daran ordentlich begossen werden konnte. Dann setzte er sich mit seinem Fahrer in den Jeep und fuhr gen Wertheim, um den Nachwuchs zu besichtigen. Gegen Abend hatten Mutter und Tochter für etwa eine halbe Stunde das Vergnügen, ihn zu sehen, und schon fuhr er wieder zurück zum Übungsplatz, in der Gewissheit, dass es seinen beiden Frauen gut ging und er sich nun wieder in Ruhe der Arbeit widmen konnte.

Junges Familienleben

Die nächsten sechs Monate führten wir das beschauliche Leben einer glücklichen jungen Familie auf dem Lande. Wir freuten uns an der Entwicklung unserer kleinen Tochter und machten in der Freizeit nur das, was wenig Geld kostete, denn unsere finanzielle Situation war nach wie vor alles andere als rosig. So gingen wir viel in den wunderschönen Wäldern rings um Külsheim spazieren, sammelten mit Feuereifer die Riesenchampignons auf den Kuhweiden, die man wie Schnitzel panieren und braten konnte und fanden es herrlich, wenn wir – und das war selten der Fall – samt Baby unsere Lieblingsweinstube in Wertheim besuchten.

Jost liebte seine Aufgabe als Chef einer Panzerkompanie.[8] Die ihm anvertrauten Unteroffiziere und
Mannschaften lagen ihm sehr am Herzen. Er legte
großen Wert darauf, dass in der Kompanie neben der
Erfüllung der geforderten Leistungen die Fröhlichkeit
nicht zu kurz kam und dass ein gewisses Zusammenge-
hörigkeitsgefühl und ein positiver Geist herrschte. Die
Fürsorge für die Familien der Unteroffiziere gehörte für
ihn selbstverständlich dazu. So gab es viele fröhliche
Veranstaltungen wie Grillnachmittage, Adventsfeste,
Autoralleys und Kindervergnügungen, die durch die
Kompanieführung organisiert wurden und an denen
auch wir teilnahmen. Daneben aber gab es auch Dinge, um die ich mich als Frau des Kompaniechefs alleine
kümmern sollte. Die Gratulationsbesuche anlässlich
von Geburten oder Geburtstagen fielen mir ja noch
leicht; aber da waren auch die langen Übungsplatzaufenthalte der Männer, in denen jederzeit in den zurück-
gelassenen Familien Probleme auftreten konnten. So
erinnere ich mich zum Beispiel an eine Familie mit vier
Kindern, die aufgrund einer schweren Erkrankung der
Mutter von heute auf morgen versorgt werden mussten, an zwei Unteroffizierfrauen, von denen die eine
plötzlich nichts mehr sehen konnte und mehrmals
nach Würzburg in die Augenklinik gefahren werden
musste, während die andere finanzielle Schwierigkeiten hatte und nicht mehr ein noch aus wusste. Ich
war damals mit meinen 22 Jahren noch blutjung und
natürlich auch ziemlich unerfahren; dennoch habe
ich diese Aufgaben, ohne viel darüber nachzudenken,

übernommen. Ob solche Dienste auch für die Frauen der anderen Kompaniechefs Normalität waren oder ob nur mein lieber Mann diese Art der Fürsorge für nötig hielt – danach habe ich damals erstaunlicherweise nie gefragt; im Kreis der Offiziersfrauen war so etwas jedenfalls kein Gesprächsthema.

Trennungszeiten und auf dem Weg zum Abitur

Ein Wermutstropfen in der Külsheimer Zeit war die häufige Abwesenheit von Jost. Nicht genug, dass er sich mehrmals im Jahr und teilweise wochenlang mit seiner Kompanie auf Übungsplätzen aufhielt, auch der Stabsoffizierlehrgang[9] in Hamburg stand für ihn an.

So ungewohnt das Alleinsein am Anfang war, sehr bald gewöhnte ich mich daran, und das war auch gut so, denn wenn man als Frau eines Offiziers eines lernen musste, dann war es das Zurechtkommen ohne ihn. Zudem gab es damals im Külsheimer Bataillon wie in jedem unserer folgenden Standorte einen Damenkreis, dem etliche junge Offiziersfrauen mit kleinen Kindern angehörten, die alle die gleichen Probleme hatten, sich häufig trafen und gegenseitig halfen. Man war also keineswegs allein auf sich gestellt. Was mich angeht, so habe ich diese „freien" Zeiten auch genutzt, um meine Eltern in Regensburg zu besuchen, die ihr erstes Enkelkind sowieso viel zu wenig zu Gesicht bekamen.

Allerdings gab es bald noch etwas anderes, was mich in jeder freien Minute beschäftigte und die Zeit bis zur Rückkehr meines Mannes wie im Flug vergehen ließ. Mit der Ausbildung zur Fremdsprachenkorrespondentin, die ich in aller Eile vor meiner Hochzeit absolviert hatte, besaß ich zwar immerhin einen Berufsabschluss; schon zu Beginn unserer Ehe aber wurde mir klar, dass es dabei nicht bleiben sollte und ich unbedingt das Abitur nachholen wollte. Und so hatte ich mich bereits in unserer Münchner Zeit bei der AKAD Stuttgart in einen Abitur-Fernlehrgang eingeschrieben, den ich in Külsheim zunächst einmal konsequent weiterführte. Das bedeutete, dass ich jeden Monat Studienhefte für sämtliche Prüfungsfächer durcharbeiten musste, die dann zur Akademie geschickt und korrigiert zurückgesandt wurden. In der letzten Lehrgangsphase vor dem Abitur allerdings gab es häufige Pflichtveranstaltungen in Stuttgart, die ich auch wegen unserer kleinen Tochter von Külsheim aus nicht wahrnehmen konnte. Ich musste also eine andere Lösung finden, wenn ich mein Ziel dennoch erreichen wollte. So stellte ich mich kurzerhand bei dem Schulleiter des Tauberbischofsheimer Gymnasiums vor mit der Bitte, mich in die 12. Klasse aufzunehmen. Mein Vorhaben war ungewöhnlich aber auch spannend, und ich erhielt tatsächlich als zweiundzwanzigjährige, verheiratete Frau mit Kind die ersehnte Sondergenehmigung des Kultusministeriums von Baden-Württemberg.

Meine Aufnahme im Gymnasium in Tauberbischofsheim veränderte unser Leben schlagartig. Mit der Beschaulichkeit war es erst einmal vorbei. Als erstes mussten wir eine vertrauenswürdige Tagesmutter für unsere inzwischen sechs Monate alte Tochter finden. Und hier hatten wir großes Glück! Dank des bestens funktionierenden Bundeswehr-Netzwerkes fanden wir sehr bald eine wunderbare Familie, die selbst drei kleine Kinder hatte, in direkter Nachbarschaft von uns wohnte und Doro volle zwei Jahre lang für wenig Geld jeden Schultag liebevollst versorgte, bis ich sie gegen 14.00 Uhr abholte. Am Nachmittag wurde gemeinsam gespielt oder wir sind spazieren gegangen; und wenn die unvermeidlichen Schulaufgaben erledigt werden mussten, saß Doro ganz zufrieden neben mir und malte, legte Puzzle oder spielte mit ihren Bauklötzen. Wir beide waren ein eingespieltes Team, das in diesem festen Rhythmus wunderbar funktionierte. Wenn allerdings abends ihr Vater das Zepter übernahm, sie wickelte und fütterte oder sie in den Kinder-Sportwagen setzte, um mit ihr im Wald oder um den Sportplatz zu joggen, galt ihre Begeisterung nur noch ihm. Als unsere Tochter älter wurde, erhielt ich immer mehr Hilfe durch Angehörige des Bataillons, die sie zu sich einluden oder zu irgendwelchen Veranstaltungen mitnahmen. Später habe ich sie auch mit Einverständnis der Lehrer ab und zu nachmittags mit in die Schule genommen; vor allem der Sportunterricht wurde dadurch für mich und meine Schulkameraden ausgesprochen lebhaft.

Die Tage waren jetzt bis zur letzten Minute durchgeplant, insbesondere auch weil ich mich nun in vier
völlig unterschiedlichen Lebenskreisen bewegte.
Neben unserer eigenen kleinen Familie, dem Haushalt und der Versorgung unserer Tochter, gab es die
Schule mit ihren diversen Anforderungen und – nicht
zu vergessen! – meine Schulkameraden, die mich bis
zum Abitur liebevoll „Mami" nannten und erstaunlich
schnell integrierten. Das Lernen an sich habe ich damals als ein echtes Privileg empfunden, ermöglichte
es mir doch die Beschäftigung mit Themen, die mein
normales Hausfrauendasein durchaus bereicherten.
Parallel dazu war ich die Frau eines Hauptmanns der
Bundeswehr, mit allen daraus entstehenden und oben
beschriebenen Verbindungen und gesellschaftlichen
und sozialen Pflichten. Daneben aber gab es auch noch
unsere Eltern und Geschwister, um die wir uns zu kümmern hatten. So verbrachte ich mit Genehmigung der
Schulleitung nur wenige Monate vor dem Abitur mehrere Wochen in meinem Elternhaus in Regensburg, um
meine kleinen Geschwister zu versorgen, deren Mutter (meine Stiefmutter) im Sterben lag.

Das Abitur habe ich im Mai 1976 abgelegt. Ich kann
gar nicht sagen, wie erleichtert und dankbar ich damals darüber war. In meiner Situation als verheiratete
Frau mit Kind war das nur möglich gewesen, weil die
Rahmenbedingungen im ländlichen Külsheim für so
ein Vorhaben ideal waren und ich nicht zuletzt auch
durch meinen Mann und viele Bundeswehrangehörige

unendlich viel Unterstützung erhalten habe. Übrigens wurde ein großer Abiball ausgerichtet, wobei meine Erfahrungen als Ehefrau eines Bundeswehroffiziers mit derartigen Veranstaltungen durchaus nützlich waren. Es wurde ein herrliches Abschlussfest, das es an dieser Schule vorher noch nie gegeben hatte und das bis heute für uns alle unvergessen ist.

Die nächste Versetzung und die Geburt unseres Sohnes

Nur wenige Monate nach diesem denkwürdigen Ereignis erhielten wir die Nachricht, dass Jost zum 1. April 1977 als Adjutant des Direktors des internationalen Militärstabes im Nato Hauptquartier – eines Drei-Sterne-Generals – nach Brüssel versetzt werden würde. Wir konnten unser Glück kaum fassen! Zum einen reizte es uns natürlich, Brüssel und Belgien kennen zu lernen, zum anderen aber waren mit dieser Auslandsverwendung einige weitere Annehmlichkeiten verbunden, die für uns nach vier Jahren Külsheim den Einstieg in ein völlig neues Leben bedeuten sollten.

Dazu gehörte zunächst einmal das im Vergleich zum Inland weit höhere Auslandsgehalt, das allerdings aufgrund der hohen Lebenshaltungskosten in Brüssel durchaus berechtigt war. Da auch darauf Wert gelegt wurde, dass die deutschen Nato-Angehörigen sich an dem regen internationalen gesellschaftlichen Leben beteiligten und dementsprechend repräsentativ wohnen sollten, kamen wir zusätzlich in den Genuss eines beträchtlichen Mietzuschusses und einer sog. Ausstattungsbeihilfe, so dass wir nun in die Lage versetzt wurden, ein Einfamilienhaus mit Garten zu mieten und den um etwa 100 qm vergrößerten Lebensraum angemessen zu möblieren. Und so genossen wir es in den Monaten vor dem Umzug nach Brüssel in vollen Zügen, mit dem unerwarteten Geldsegen endlich diverse Dinge zu kaufen, die wir uns lange gewünscht hatten, uns aber aus finanziellen Gründen bisher nicht leisten konnten. Was für eine Freude, als der lange ersehnte ausziehbare Esszimmertisch mit sechs Stühlen geliefert wurde, auch wenn alles aus Platzgründen bis zum Umzug nach Brüssel auf dem Dachspeicher deponiert werden musste. Was für ein tolles Gefühl, in einem renommierten Würzburger Haushaltsgeschäft ein weißes Rosenthal-Service für 12 Personen samt Gläsern zu erstehen; und wie gut fühlte es sich an, in einem bekannten Stoffgeschäft den absoluten Wunschstoff für die Gardinen für das Brüsseler Haus auszusuchen und sogar das Nähen in Auftrag zu geben!

Abgesehen von diesen materiellen Freuden waren wir aber auch in anderer Hinsicht in froher Erwartung. Mitte März sollte unser zweites Kind zur Welt kommen, und dieses Mal wollte Jost es sich nicht nehmen lassen, bei der Geburt dabei zu sein. Nun war der werdende Vater zur Übergabe der Amtsgeschäfte schon einige Zeit vor dem offiziellen Versetzungstermin in Brüssel tätig, ständig in Unruhe und darauf hoffend, dass das Kind an einem Wochenende kommen würde, an dem er zuhause in Külsheim weilte. Doch der berechnete Geburtstermin verstrich ungenutzt und auch die nächsten vier Wochen vergingen, ohne dass unser Sohn sich daran machen wollte, das Licht der Welt zu erblicken. An einem Montag schließlich – Jost war am Sonntagabend wieder nach Brüssel gefahren - wurde im Wertheimer Krankenhaus entschieden, dass die Geburt nun künstlich eingeleitet werden sollte, und nur drei Stunden später war es endlich so weit: Johannes wurde problemlos, aber ohne dass sein Vater dabei sein konnte, geboren. Der Umzug nach Brüssel sollte im Juni 1977 stattfinden. Die Wochen davor waren gefüllt mit der Versorgung des Babys, Abschiedsfeierlichkeiten in den unterschiedlichen Kreisen, in denen wir verkehrten, und den vielen Arbeiten, die man vor einem Umzug immer erledigen muss. Dazu gehörten das Aussortieren von Dingen, die sich in den Jahren angehäuft hatten und nicht mehr gebraucht wurden oder auch das Aufräumen von Keller, Dachboden und Garage und das Ordnen von diversen Schubladen. Diese gründlichen Aufräum- und Aussortieraktionen, die bei jedem neuen Wohnortwechsel fällig wurden, habe ich eigentlich immer als etwas sehr Positives empfunden. Das regelmäßige Durchforsten des eigenen Lebensraums bedeutet ja auch immer die aktive Wahrnehmung dessen, was man an geistigem und materiellem Eigentum besitzt, was davon für die Familie in der Gegenwart wert und teuer erscheint und deshalb in die Zukunft bzw. an den neuen Wohnort mitgenommen werden soll.

Auf ins Ausland!
Brüssel - unser dritter Wohnort (1977-1979)

Wie aufregend für uns alle der Umzug nach Brüssel war, davon zeugt ein kurzer Bericht, den ich damals kurz nach unserem Einzug voller Begeisterung und neuer Eindrücke niedergeschrieben habe:

„Punkt 7.00 Uhr: Wir stehen mit Doro und Johannes auf meinem Arm am Wohnzimmerfenster und beobachten, wie der Möbelwagen sich langsam unserem Haus nähert. Sie sind da! Doro rennt zur Haustür, öffnet sie ganz weit und kann es kaum erwarten, die Möbelpacker zu begrüßen. Was mich angeht, so habe ich gemischte Gefühle: Vier Jahre Külsheim, die Geburt von zwei Kindern, das bestandene Abitur, die vielen engen Kontakte innerhalb des Bataillons und auch zu alteingesessenen Külsheimern - das Vorfahren des Möbelwagens ist das unübersehbare Zeichen, dass nun all das der Vergangenheit angehört und dass etwas Neues beginnt. Ich schwanke zwischen dankbarer Rückschau und großer Vorfreude, ein Gefühl, das ich so noch nie gekannt habe. Ich spüre förmlich die Lust auf all das Neue und Unbekannte, das uns in Brüssel erwartet.

Unsere überschaubaren 75 qm sind für die erfahrenen Möbelpacker kein Problem. Während unser kleiner Sohn inmitten des Trubels seelenruhig in seinem Kinderwagen schläft und unsere Tochter bei Freunden versorgt wird, bleibt für uns sogar Zeit, uns von den nächsten Nachbarn und engsten Freunden und Bekannten zu verabschieden. Währenddessen werden zuhause das Geschirr, die Gläser, wertvollere Einzelstücke, sämtliche Haushaltsutensilien und die Kleidung und Wäsche aus unseren Schränken in Umzugskisten verpackt, die Lampen abmontiert und alles in den beiden Umzugswagen verstaut. Schon gegen 16 Uhr verabschieden wir die Möbelpacker, die sich nun direkt auf den Weg zur belgischen Grenze machen; und wir sehen erwartungsvoll dem Wiedersehen am nächsten Tag in Brüssel entgegen!

2. Umzugstag - 9.00 Uhr morgens: Der Himmel ist blau und die Sonne scheint. Was für ein wunderschöner Empfang! Unser Möbelwagen ist an der Grenze aufgehalten worden und noch nicht eingetroffen. So haben wir Zeit, unser neues noch ganz leeres zukünftiges Zuhause in Ruhe in Augenschein zu nehmen, das bisher ja nur der Familienvater, der es wieder einmal alleine aussuchen musste, kennt. Das Haus hat eine Wohnfläche von ca. 180 qm, einen wunderschönen, durch eine Hecke völlig abgeschlossenen Garten mit einer großen Rasenfläche und wenigen Beeten, begrenzt am Ende durch alte hohe Bäume, die sich im Wind wiegen. Es verfügt im Keller neben dem Heizungs- und Wäscheraum über eine geräumig Garage, in der problemlos zwei Autos ihren Platz finden und von der man über eine Treppe direkt hoch in die Küche gelangt. Das Erdgeschoss besteht aus einer ansehnlichen rechteckigen Diele, von wo aus man in die große Wohnküche, ein kleines gemütliches Arbeits- und Fernsehzimmer und – durch eine massive weiße doppelte Flügeltür – in das ca. 50 qm große repräsentative Wohn-Esszimmer mit Zugang zur Terrasse gelangt. Überall hochwertiges altes Fischgrätparkett, die Türen aus massivem Holz gefertigt und weiß gestrichen, die Decke mit Stuckkanten und die Holzfenster in gutem Zustand und durch wenige Sprossen unterteilt. Im Obergeschoss befinden sich vier geräumige Schlafzimmer, zum Teil mit zwar kleinen, aber begehbaren Einbauschränken, und sage und schreibe drei (!) Badezimmer; ungewohnter Luxus für Kinder, Eltern und zukünftige Gäste!

Ich bin einfach nur begeistert und dankbar und kann es noch gar nicht glauben, dass wir nach der so bescheidenen Külsheimer Wohnung nun in diesem großzügigen Brüsseler Haus leben werden. Eine Besichtigung vorab war für mich aufgrund der weiten Entfernung als auch der Geburt unseres Sohnes einfach nicht möglich. Aber immerhin standen uns schon in Külsheim die Grundrisspläne zur Verfügung, die wir auf Millimeterpapier übertragen haben, um die Einteilung der Zimmer und die Platzierung unserer Möbel festzulegen, eine Maßnahme, die, wie ich schnell feststellen konnte, mehr als nützlich war. Denn als der Möbelwagen gegen 11 Uhr endlich eintrifft, geht es Schlag auf Schlag. Mit dem Ausladen und Hereintragen der einzelnen Umzugskisten und Gegenstände war da stets die Frage „Wohin?" Hätten wir die Zuordnung nicht vorher festgelegt, wäre das nun ein großes Problem, denn dann wäre ein rascher Ablauf des Aufstellens und Einräumens unmöglich.

Zum Mittagessen gibt es Wiener Würstchen und Kartoffelsalat, und wir sitzen in bester Stimmung gemeinsam mit den Packern in der Sonne auf der Terrasse. Johannes liegt im Kinderwagen unter einem kleinen Trompetenbaum mit großen hellgrünen, lappigen Blättern, die sich wie ein Mobile ständig bewegen (in den nächsten Monaten sollte das sein Lieblingsplatz werden!) und Doro kurvt bereits fröhlich mit ihrem Kettcar durch den Garten.

Am Abend des ersten Tages machen wir Bestandsaufnahme, was wir alles geschafft haben und was nicht. Na ja, das Auspacken der Umzugskartons und das Aufstellen und Einräumen der Möbel und insbesondere der Küche im neuen Haus benötigt offenbar weit mehr Zeit, als das beim Auszug aus der Külsheimer Wohnung der Fall war. Zwei weitere Tage und Nächte bleiben uns unsere sehr netten Packer erhalten und als sie sich nach getaner Arbeit verabschieden, sind wir – ich habe fast ein schlechtes Gewissen, das zu sagen - doch sehr erleichtert. Auch wenn die Männer im Umzugswagen geschlafen haben, nie war man allein im neuen Zuhause! Natürlich ist es selbstverständlich, dass man ihnen, die ja für uns so wertvolle Arbeiten verrichtet haben, unsere Duschen zur Verfügung stellt, dass man Frühstück, Mittagessen und Kaffee zubereitet und gemeinsam einnimmt. Wenn sich das aber über mehrere Tage hinzieht, wird alles, ohne dass die Männer daran schuld sind, doch irgendwie zu einer Belastung. Schließlich fällt der Abschied auf beiden Seiten herzlich und fröhlich aus, mit der Aussicht, dass wir uns vielleicht bald zum nächsten Umzug wieder sehen werden."

Unser neues Umfeld

Nun also konnte unser Brüsseler Leben endlich beginnen. Als erstes lernten wir die interessante Nachbarschaft kennen, Menschen, mit denen wir unter normalen Umständen wohl nie zusammen gekommen wären. Unsere direkten belgischen Nachbarn machten uns allerdings von Anfang an deutlich, dass sie keinen Kontakt mit uns Deutschen wünschten. Ganz anders das nächste Doppelhaus, in dem zwei sehr unterschiedliche deutsche Ehepaare mit ihren Kindern wohnten, mit denen uns bald ein sehr harmonisches nachbarschaftliches Verhältnis verband: Eine aus Bayern stammende ausgesprochen urwüchsige Familie, deren Vater als Zollbeamter bei der EU tätig war, und ein etwas schillerndes Ehepaar mit ihrer halbwüchsigen Tochter. Er arbeitete für ein internationales Unternehmen und war deshalb oft auf Reisen; sie war um die 40, voller Kreativität und mit Hang zum nicht angepassten künstlerischen Leben und einer Vorliebe für Whisky – das Letztere vielleicht auch aus Frust über ihr wenig spannendes Hausfrauenleben. Das aber sollte nun durch unsere Anwesenheit durchaus bereichert werden. Tatsächlich erschien „Madame", wie wir sie nannten, oft gegen 10 Uhr morgens bei mir zu einem Plausch, der sich nicht selten bis zum Mittagessen hinzog. Diese Vormittage waren jedoch alles andere als verlorene Zeit. Sie kannte Brüssel wie ihre Westentasche, war versiert im Kauf von Kunst und Antiquitäten, liebte ausgefallene Rezepte und Restaurants, hatte Kontakte zu Restauratoren und interessanten Händlern und – kurz gesagt – sie war eine nie langweilige, überaus interessante Frau und ein Segen für uns, die wir durch sie in Windeseile die erstaunlichsten Ecken von Brüssel kennenlernen sollten. So besuchten wir in unserer ersten Zeit an den Sonntagen oft gemeinsam den Brüsseler Flohmarkt auf dem Jeu de Balle, auf dem damals noch große Mengen an hochwertigem Silber, Gläser, Porzellan, Gemälde und alle möglichen meist unrestaurierten Möbel aus Haushaltsauflösungen landeten. Gerade für uns, die wir ein geräumiges Haus, aber noch kaum Möbel besaßen, waren dieser Flohmarkt und später auch der Brüsseler Antiquitätenmarkt auf dem Sablon wahre Fundgruben, wo wir mit wenig Geld die meisten der antiken Gegenstände erstanden, die bis heute unsere Einrichtung prägen.

Erste Schritte auf dem gesellschaftlichen Parkett

Schon bald nach unserem Einzug flatterten uns die ersten Einladungen zu offiziellen und privaten Empfängen, Gartenpartys und Dinnereinladungen ins Haus, und so wurden wir sehr schnell Teil des lebhaften gesellschaftlichen Lebens am Nato-Hauptquartier. Drei bis vier Einladungen pro Woche waren keine Seltenheit, und in den ersten Monaten haben wir auch trotz der hohen Babysitterkosten mit großer Begeisterung an fast allen teilgenommen. Für mich, die ich damals erst 26 Jahre alt war und wenig Erfahrung in gesellschaftlichen Dingen besaß, war im Grunde alles neu und spannend: Die meist internationale Zusammensetzung der Gäste, das selbstverständliche Nebeneinander von älteren Offizieren mit hohen Dienstgraden und uns jüngeren, die noch am Anfang ihrer Laufbahn standen, die stilvoll eingerichteten herrschaftlichen Häuser und das geübte Verhalten der Gastgeber, der festliche Rahmen und der stets (dank der Caterer) reibungslose Ablauf der anspruchsvollen Veranstaltungen. Einen besseren Anschauungsunterricht konnte man sich nicht wünschen, und das war auch mehr als hilfreich, denn natürlich wurden nun auch von uns Gegeneinladungen erwartet.

Am Anfang noch unerfahren, haben wir mit der Zeit trotz kleiner Kinder etliche Einladungen gegeben – vom gemütlichen Dinner im kleinen Kreis bis zum großen Dinnerbuffet für 25 bis 30 Gäste. Ich erinnere mich noch allzu gut und heute mit einem Schmunzeln (damals war es mir sehr peinlich) an ein festliches mehrgängiges Abendessen, zu dem wir drei Ehepaare – hochrangige Offiziere mit ihren Frauen – eingeladen hatten, und bei dem ich im Laufe des Abends umständehalber in drei verschiedenen „Outfits" erschienen bin, und auch sonst so einiges schief ging! Das erste Mal hatte mir Johannes, den ich ganz schnell zwischen den Gängen füttern musste, auf die Bluse gespuckt; beim zweiten Mal war ein Topf mit frisch geschlagener Sahne umgekippt und zwar genau in Richtung meines langen Rockes; und als einer der Gäste, ein General, der ausgesprochen nett war, bei mir in der Küche erschien, um zu fragen, ob er helfen könne, da bekam er gerade mit, wie mein geplanter Reisring sich beim Stürzen in einen Reisberg verwandelte. Er war amüsiert und meinte nur, „der Reis schmeckt auch so sehr gut"; den anderen Gästen hat er nichts davon verraten. Ich bin heute noch dankbar, dass all diese Pannen überhaupt nicht übel genommen wurden, sondern im Gegenteil: sie waren Anlass zu großer Heiterkeit, und es wurde ein rundum fröhlicher und erfolgreicher Abend. Übrigens habe ich natürlich aus ihnen gelernt und bei weiteren Einladungen unter anderem durch Babysitter, die die Kinder ins Bett brachten, vorgesorgt, dass so etwas nicht mehr passieren konnte.

Neben den eher offiziellen Veranstaltungen, die meist im internationalen Rahmen abliefen, gab es aber auch ein herzliches gesellschaftliches Miteinander zwischen den Offizieren des deutschen Anteils. Sehr nette Kontakte gab es zu einigen älteren Offizieren, die sich hier im Ausland zum Teil ganz bewusst um uns Jüngere kümmerten. So waren bei den stets sehr stilvollen und doch gemütlichen Dinnereinladungen in der Regel alle Altersgruppen vertreten, wobei die Sitzordnungen häufig vorsahen, dass die Jüngeren neben den Älteren saßen und die Generationen so miteinander ins

Gespräch kamen. Das setzte sich oft auch in den Frei-
zeitaktivitäten fort. So joggten etliche Offiziersfrauen –
darunter auch ich – regelmäßig im herrlichen Park von
Tervuren, und wir bildeten eine Reitergruppe, die einmal in der Woche in dem fantastischen Sportzentrum
der belgischen Armee gemeinsam Reitstunden nahm.

Fragen rund um Kinder und Gesundheit

Besonders nett und untereinander vertraut war der
Kreis von Frauen mit kleinen oder auch schon größe-
ren Kindern. Hier konnte alles besprochen werden,
was uns als jungen Eltern im Ausland am Herzen lag.
Ganz wichtig waren natürlich Informationen zu Ärzten,
Schulen, Kindergärten und Ähnlichem.

So haben wir uns damals entschlossen, unsere Tochter
im französisch-sprachigen Kindergarten im Stadtteil
Woluwe-St. Pierre anzumelden, weil ihn bereits zwei
befreundete Mädchen aus diesem Kreis besuchten
und weil wir hörten, dass dort viele Kinder von Nato-
und EU-Angehörigen wären. Das wiederum hatte den
Vorteil, dass die Kinder im Sammeltransport abwechselnd von den Müttern hingebracht und abgeholt
wurden und auch sonst regen Kontakt untereinander
hatten. Wenn wir zum Beispiel zum Arzt nach Deutschland fuhren oder Veranstaltungen besuchten, bei denen Kinder nicht vorgesehen waren, hatten wir auch
deshalb nie Probleme, unseren Nachwuchs in einem
der befreundeten Haushalte unterzubringen.

Die ersten Wochen im französischen Kindergarten waren allerdings für Doro, die an den beschaulichen Kindergarten in Külsheim gewohnt war, ein wahrer Schock! Jeden Morgen, wenn sie abgeholt wurde, gab es Tränen, und nur das Versprechen einer Belohnung bei ihrer Rückkehr brachte sie dazu, überhaupt in den Wagen zu steigen. Gründe waren wohl vor allem die fremde Sprache und die früh einsetzende Verschulung im französischen Kindergarten, die kaum ein freies Spielen, wie sie es gewohnt war, vorsah. Doch sehr bald konnte sie sich schon ganz gut auf Französisch verständigen, und wir stellten auch fest, dass die Kindergärtnerinnen – die Kinder nannten sie „Madame" – zwar sehr streng waren, sich aber in vieler Hinsicht unendlich viel Mühe gaben. So wurde viel gebastelt und regelmäßig wurden Theaterund Musikstücke eingeübt, die dann mit aufwändigsten Kostümierungen aufgeführt wurden. Als wir nach zwei Jahren wieder zurück nach Deutschland zogen, trennte sich Doro nur ungern von ihren Kindergartenfreundinnen, und zu unserer Freude sprach sie auch altersgemäß mehr oder weniger fließend Französisch.

Ein besonderes Problem aber war zu dieser Zeit in Brüssel die ärztliche Versorgung. So stellten wir zum Beispiel nach einigen Monaten fest, dass unser kleiner Sohn zwar ausgesprochen gesund aussah und sich rein optisch körperlich prächtig entwickelte, aber offenbar Probleme hatte, sich umzudrehen und auch keinerlei Ansätze machte, zu krabbeln. Wie im Ausland und insbesondere in Belgien, wo die medizinischen Standards zumindest damals im Vergleich zu Deutschland noch geringer waren, einen geeigneten Kinderarzt oder Ergotherapeuten finden, der möglichst auch noch der deutschen Sprache mächtig war? Die Erfahrungsberichte der anderen Mütter zeigten, dass das tatsächlich ein Problem werden würde, insbesondere wenn es sich nicht nur um eine einfache Erkältung handelte. So fuhren wir für alle Kinderuntersuchungen und Impfungen nach Bonn, wo wir den Kinderarzt einer befreundeten Familie konsultierten. Für die Behandlung der scheinbaren Immobilität unseres inzwischen achtmonatigen Sohnes musste jedoch, schon weil wir nicht ständig nach Bonn fahren konnten, in Brüssel selbst eine Möglichkeit aufgetan werden. Schließlich fanden wir über unsere Nachbarin eine deutsche Ergotherapeutin, die sich genau auf diese Entwicklungsschwierigkeiten von Babys spezialisiert hatte und uns diverse gymnastische Übungen für ihn an die Hand gab, die wir regelmäßig mit ihm absolvierten. Gott sei Dank mit Erfolg! Schon bald hatten wir einen krabbelnden Sohn, der sich auch sonst ganz normal entwickelte.

Aber auch ich selbst kam in der Brüsseler Zeit in große Bedrängnis, da ich zwei Fehlgeburten durchstehen musste. Das erste Mal blieb mir nichts anderes übrig, als die Universitätsklinik in Brüssel aufzusuchen. Das war eine sehr spezielle Erfahrung, die mir gezeigt hat, wie unterschiedlich Gesundheitssysteme sein können und wie gut es uns als Patienten in Deutschland geht.

Nun ist es ja so, dass eine drohende Fehlgeburt nicht nur physisch, sondern auch psychisch eine arge Belastung ist. Dennoch musste ich bei meiner Ankunft in der Klinik zunächst einmal, wie man es aus Ämtern kennt, aus einem Automaten eine Nummer ziehen, damit die richtige Reihenfolge der Patienten eingehalten wurde. Als dann endlich nach einer kurzen Untersuchung festgestellt worden war, dass eine Aufnahme nötig sei, wurde eine Art Identitätskarte (sah aus wie unsere Bankkarten) angefertigt, auf der mein Geburtsname mit dem Zusatz „verheiratete Unruh" stand (in Belgien ist es üblich, dass man als verheiratete Frau den Geburtsnamen behält). Sie wurde jedoch nicht mir, sondern einem jungen Pfleger übergeben, der mich nun ohne Begleitung durch meinen Mann, der in das Wartezimmer verbannt worden war, in einem Rollstuhl durch endlose Gänge von Untersuchung zu Untersuchung karrte – und das ohne ein Wort mit mir zu sprechen, obwohl in Belgien Deutsch eine der Amtssprachen ist und ich auch des Englischen und, wenn auch weniger gut, Französischen mächtig war. Ich fühlte mich wie eine völlig anonyme Ware, die auf ihrem Versandweg mehrere Stationen absolvieren musste, über die ich kein Mitspracherecht hatte. Es war zum Heulen. Die nächste Überraschung, als wir endlich mein Zimmer und vor allem mein Bett erreicht hatten: Bettdecke und Kissen bestanden vollständig aus einem Vliesmaterial, das nach meiner Entlassung komplett entsorgt wurde, genauso wie das Plastikgeschirr und –besteck, das zum Essen gereicht wurde.

Fazit: Dieses Krankenhaus war bis ins Detail wirtschaftlich durchgeplant; nur den Menschen „Patient" hatte man irgendwie vergessen. Und deshalb fühlte ich mich fast glücklich, als die Anzeichen für eine zweite Fehlgeburt bei einer Routineuntersuchung im Bonner Krankenhaus festgestellt wurden und ich nicht noch einmal dasselbe erleben musste.

Zurück in die „Heimat"

Nach eineinhalb Jahren in Brüssel, in denen wir uns rundherum wohl gefühlt hatten, traf uns die Hiobsbotschaft „Versetzung nach Münster in Westfalen als Chef einer Stabskompanie" wie ein Schlag. Wir wussten von Anfang an, dass wir nicht allzu lange in Brüssel bleiben könnten, aber nun war das unendlich schwer für uns alle. Denn was bedeutete das? Im Grunde genommen etwas völlig Normales für jede Bundeswehrfamilie: Aufgabe unseres so lieb gewonnenen Lebensumfeldes einschließlich aller finanziellen und materiellen Auslands-Annehmlichkeiten. Besonders schwer fiel uns der Abschied von unserem ersten gemeinsam bewohnten und gestalteten Haus und meinem geliebten eigenen Auto – einem hellblauen, schon etwas betagtem Renault 4, den wir durch aufgeklebte gelbe lachende Gesichter über den Roststellen aufgepeppt hatten. Abschied aber auch von unserem gesellschaftlichen und privaten Brüsseler Leben, unseren Nachbarn, Freunden und Bekannten und Umzug in eine uns noch völlig unbekannte Region im Nordwesten Deutschlands, noch ein wenig weiter entfernt von unseren Elternhäusern in Bayern.

Doch wir mussten auch noch mit einem anderen großen Problem fertig werden. Die Nachricht unserer Versetzung erreichte uns nur wenige Wochen vor dem Tag, an dem wir spätestens umziehen mussten. Da bei Versetzungen vom Aus- ins Inland damals (ich weiß nicht, wie es heute ist) zum Stichtag der Versetzung sowohl die Auslandszuschläge als auch der Mietzuschuss gestrichen wurden, war es schon aus finanziellen Gründen unmöglich, über den Stichtag hinaus in Brüssel zu bleiben, bis der dann schon vor Ort tätige Familienvater eine geeignete Wohnung gefunden hatte. So blieb uns also gar nichts anderes übrig, als spätestens zum Versetzungstermin – besser noch davor – den Umzug durchzuführen. So waren wir nun also gezwungen, in aller Eile und irgendwie am neuen Standort Münster-Handorf eine Wohnung zu finden, die genügend Raum bot, um unseren inzwischen erheblich vergrößerten Haushalt aufzunehmen. Jost nahm dafür eine Woche Urlaub, um in dieser Zeit - komme was wolle - in Münster-Handorf oder Umgebung ein Haus zu finden. Das aber erwies sich als äußerst schwierig, nicht zuletzt aufgrund der mangelnden Unterstützung der Bundeswehr-Verwaltung, die uns angeblich ausschließlich Wohnungen mit höchstens 90 qm Wohnfläche in Mehrfamilienhäusern anbieten konnte. Nun gut, wenn keine Wohnungen zur Verfügung stehen, dann ist das eben so. Als geradezu empörend aber empfanden wir die Antwort des zuständigen Verwaltungsbeamten auf die Bemerkung meines Mannes, dass wir unsere Möbel, die zum großen Teil auch durch Bundeszuschüsse finanziert worden waren, unmöglich auf 90 qm unterbringen könnten: „Wo ist das Problem? Dann verkaufen Sie sie eben wieder!"

Am letzten Tag dieser Woche in Münster wurde Jost endlich fündig, was er mir sehr erleichtert per Telefon mitteilte. Über einen Makler war ihm ein schicker kleiner Bungalow in Sendenhorst mit schönem Garten angeboten worden, ca. 25 km entfernt vom Standort Münster- Handorf. Das Haus hatte zwar nur 105 qm Wohnfläche und damit im Grunde viel zu wenig, wenn man an das große, voll möblierte Brüsseler Haus dachte, doch es lag am Rande des Ortes in einer guten und ruhigen Gegend, und die Innenaufteilung des Bungalows war überzeugend. Es gab ein sehr eindrucksvolles 50 qm großes Wohnzimmer mit offenem Kamin, das zudem an zwei langen Seiten voll verglast war, so dass der Garten als Teil des Wohnraums erschien; dazu kamen ein für unsere noch kleinen Kinder ausreichendes Kinderzimmer inklusive Duschbad sowie ein Eltern-Schlafzimmer mit Ankleide und eigenem großem Badezimmer. Zusätzlich war das Haus voll unterkellert, so dass wir die Hoffnung hatten, dass nicht benötigte Möbel und Kisten dort übergangsweise ihren Platz finden könnten. Der einzige Wermutstropfen: Der Bungalow war, sowohl was sein inneres als auch äußeres Erscheinungsbild anging, in einem fürchter-lichen Zustand! So vereinbarten wir mit der Besitzerin, das Haus gegen eine Monatsmiete in aller Eile selbst von Grund auf zu renovieren. Meine Schwiegermutter wurde zum Kinderhüten von München nach Brüssel eingeflogen, und mein Mann und ich machten uns nach Sendenhorst auf, um dort fünf Tage im völlig leeren Haus auf Luftmatratzen zu schlafen und von morgens bis abends zu ackern, um es in einen bezugsfertigen Zustand zu versetzen. So mussten zum Beispiel in allen Zimmern massenweise Dübel entfernt und die Löcher mit Spachtelmasse gefüllt werden, bevor wir daran gehen konnten, die Wände zu streichen; im zunächst nur leicht feuchten – später stellten wir fest, dass alles schimmelte – und lange nicht gestrichenen dunklen Keller erwartete uns eine Unmenge von zerbrochenen Regalen und unappetitlichem Sperrmüll, der entsorgt werden wollte, und auch die kleine Einbauküche hatte lange keinen Putzlappen gesehen.

So abenteuerlich und arbeitsreich diese Woche im lee-ren Haus auch war, in der Erinnerung ist sie dennoch kostbar. Wir waren damals mit 37 und 28 Jahren ja noch jung; das Schlafen im leeren Zimmer auf Luftma-tratzen war mehr Spaß als Belastung; die Maler- und Aufräumarbeiten fielen uns dank früherer Erfahrun-gen in München und Külsheim leicht und brachten uns Stück für Stück unserem zukünftigen Zuhause näher; und beim Frühstück in einer kleinen Kneipe im Orts-kern erhielten wir schon vorab viele Informationen zu

Schulen, Kindergärten und Sportvereinen und natürlich – besonders interessant! – zum allgemeinen Leben in Sendenhorst und seinen Bewohnern. So bekamen wir schnell heraus, dass wir mit unserem zukünftigen Haus in einer bevorzugten Wohngegend lägen, dass wir damit Teil einer sehr angesehenen Nachbarschaft sein würden und dass wir die einzigen Bundeswehrangehörigen in Sendenhorst seien. Dieses Mal also ein privates Leben weitgehend ohne die Bundeswehr? Wir waren gespannt und freuten uns darauf.

Nun geht es ins Westfälische!
Sendenhorst - unser vierter Wohnort (1979-1985)

Sechs lange Jahre haben wir in Sendenhorst gewohnt. In diesem Zeitraum hatte Jost drei verschiedene Verwendungen an verschiedenen Orten. Bis 1981 war er Chef der 1. Kompanie eines Panzerbataillons in Münster- Handorf, von 1981 bis 1983 stellvertretender Bataillonskommandeur in Hamm-Heessen (nur ca. 12 Kilometer von Sendenhorst entfernt, so dass wir nicht umziehen mussten), und schließlich wurde er noch für zweieinhalb Jahre zur Panzerbrigade 34 in Koblenz versetzt, bevor er 1985 Bataillonskommandeur in Stadtallendorf bei Marburg wurde und wir dorthin umzogen.

An den Umzug von Brüssel nach Sendenhorst habe ich erstaunlicherweise keine detaillierte Erinnerung mehr. Ich weiss nur noch, dass die Sonne schien und wir überglücklich waren, als sich das neue weiß gestrichene Wohnzimmer mit seinem rotbraunem Marmorboden, den großen Glasflächen und dem modernen offenen Kamin als wunderschöne Umgebung für unsere Möbel herausstellte. Und auch unsere Kinder (zwei und fünf Jahre alt) waren glücklich mit ihrem eigenen Duschbad, dem neuen gemeinsamen Zimmer inklusive Stockbett und kunterbunter Vogeltapete und – vor allem – den vielen deutsch sprechenden Spielkameraden, die in der nahen Siedlung lebten. Letztendlich hatten wir unsere gesamte Habe irgendwie in dem kleinen Haus untergebracht, wenn auch vieles im Keller unausgepackt bis zum nächsten Umzug ausharren sollte.

Das zivile Umfeld und der Beginn meiner Berufstätigkeit

Die Eingewöhnungsphase in der neuen Umgebung verlief dank der besagten Nachbarschaft rasant. Schon zwei Wochen nach unserem Einzug waren wir zu einer großen Hochzeit eingeladen, bei der wir viele angesehene Sendenhorster „Poahlbürger" (alteinge-sessene Bürger der Stadt) und etliche Landwirte mit großen Höfen in der Bauerschaft kennen lernten. Allerdings wurde uns am Beispiel einer kleinen Episode am Polterabend deutlich, wie wenig die Bundeswehr im Bewusstsein dieser durchaus gebildeten zivilen Bevölkerung verankert war. So fragte der Brautvater, Chefarzt am Sendenhorster Krankenhaus und unser direkter Nachbar, meinen Mann, woher er denn als Belgier – bei unserer Ankunft fuhren wir einen Wagen mit belgischem Kennzeichen – so fantastisch Deutsch sprechen könne, und er war höchst überrascht, dass er einen deutschen Offizier vor sich hatte, den er schon etliche Male in Uniform begrüßt hatte. Auf jeden Fall waren wir in Windeseile in das für uns so ungewohnte zivile Leben der einheimischen Bevölkerung und insbesondere unserer Nachbarn eingebunden. Umzüge an einen anderen Ort kamen in diesen Kreisen selten vor; stattdessen legte man Wert auf langjährige Bindungen, die Zugehörigkeit zu Schützen- und Kegelvereinen, zum Stadtrat, zu politischen Parteien und zur katholischen Kirche. Mit diesen Menschen teilten wir nun Freud und Leid – normale und runde Geburtstage, Namenstage, Hochzeiten, Krankheiten und Todesfälle.

Unsere protestantische Offiziersfamilie muss diesem Kreis eher exotisch vorgekommen sein. Wir als Familie aber hatten sehr bald das Gefühl, ehrlich integriert zu werden und in Sendenhorst mehr als jemals davor so etwas wie eine zeitweilige Heimat gefunden zu haben.

Das verstärkte sich noch, als ich nach der Einschulung unserer Tochter und der Aufnahme unseres Sohnes in den Kindergarten durch einen befreundeten Landwirt und Kornbrenner die Chance erhielt, die Betriebsbuchhaltung zu übernehmen. Obwohl ich nie dafür ausgebildet worden war, habe ich sie vier Jahre lang geführt, wobei mir die peniblen Einträge meines verstorbenen Vorgängers als hervorragendes Lehrbuch dienten. Damit war der Anfang meiner Berufstätigkeit gelegt, die ich an jedem folgenden Standort weiter ausbauen sollte.

Leben mit der Bundeswehr

Für Jost war der berufliche Mittelpunkt zunächst das 25 km entfernte Münster-Handorf, wohin er jeden Morgen mit unserem nunmehr einzigen Auto fuhr und von wo er abends zurückkehrte. Benötigte ich den Wagen für Einkäufe oder Ähnliches, war damit ein hoher Zeit- und auch Kostenaufwand verbunden, denn allein die zweimalige Hin- und Rückfahrt waren ja mindestens 100 Kilometer. Als Familie bzw. auf privater Ebene hatten wir auch deshalb in den fünf Jahren, in denen wir in Sendenhorst lebten, nur wenige Berührungspunkte zu Bundeswehrkreisen. Dennoch nahm ich an den meisten der offiziellen Veranstaltungen wie Bataillonsbällen, Feiern zu besonderen Gelegenheiten wie Verabschiedungen, Neueinführungen und Beförderungen von Offizieren teil. So erinnern wir uns bis heute gerne an einen Tag im Dezember 1979. Der Bürgermeister von Telgte, der Patenstadt des Bataillons, hatte das Offizierskorps am Abend zur festlichen Adventsfeier im Kaminraum des Telgter Heimathauses geladen. Es war ein rundum gemütlicher Abend, der für uns völlig unerwartet eine große Überraschung mit sich brachte: Die Beförderung meines Mannes zum Major! Einen schöneren Rahmen dafür konnte es gar nicht geben, und ich erinnere mich noch recht gut, wie beschwingt und glücklich wir nach Hause gefahren sind, um dann am nächsten Wochenende noch einmal mit der ganzen zivilen Nachbarschaft dieses für uns so wichtige Ereignis zu feiern.

**Wir kaufen ein Haus und
Versetzung nach Ahlen und Koblenz**

Bald danach wurde Jost als stellvertretender Bataillonskommandeur ins nur 12 Kilometer entfernte Ahlen versetzt, wodurch ein Umzug zu unserer großen Freude überflüssig war. Doch selbst jetzt hatten wir kaum die Möglichkeit, uns mehr in das gesellschaftliche Leben am neuen Standort einzubringen, und dafür gab es einen gewichtigen Grund! Wir hatten einen Schritt gewagt, den damals die wenigsten Offizierfamilien auf sich nahmen, weil damit immense zusätzliche Belastungen zu erwarten waren. Da wir uns alle in Sendenhorst so wohl fühlten und einen großen Freundes- und Bekanntenkreis hatten, wurde der Wunsch immer stärker, gerade hier ein Haus zu kaufen, das bei der nächsten Versetzung vermietet werden sollte und in das wir nach der Pensionierung zurückkehren könnten. Wir wollten damit eine Art Heimatort schaffen, von dem zumindest die Kinder sagen konnten: Dort kommen wir her.

Tatsächlich erhielten wir die Möglichkeit, von der Stadt Sendenhorst unser – wenn auch von Grund auf sanierungsbedürftiges – „Traumhaus" zu kaufen: einen alten Kötterhof (Nebenerwerbshof) mit einem 1400 qm großen Bauerngarten, inmitten von Schrebergärten gelegen und dennoch nur wenige hundert Meter von Ortskern, Kindergarten und Grundschule entfernt. Der schönste Raum des kleinen Hauses war die Diele mit einem noch original erhaltenen „Räucherbosen", wie man ihn in vielen alten Münsterländer Bauernhäusern findet. Das ursprünglich offene Herdfeuer war zugemauert worden und diente nun als Kamin für einen der drei Ölöfen, mit denen das Haus einigermaßen geheizt wurde. Es gab kein warmes Wasser und nur zwei bewohnbare Räume; der Dachboden, der als Heuboden gedient hatte, war seit Jahrzehnten wegen seiner morschen Balken und Bretter nicht mehr begehbar und von

Horden von Spinnen, Hornissen, Mäusen und anderem Getier bewohnt; zudem sorgten mehrere schadhafte Dachziegel dafür, dass es an einigen Stellen durchregnete. Obwohl uns alle, auch angesichts unserer sehr beschränkten finanziellen Möglichkeiten, für völlig verrückt hielten, glaubten wir fest an unser Haus und unsere Fähigkeit, daraus ein Familienheim zu schaffen, das die gemütliche Atmosphäre eines alten Gebäudes besaß und dennoch über einen modernen technischen Standard verfügte.

Tatsächlich gelang das, aber nur weil wir immer wieder unendlich viel Hilfe von Freunden, Bekannten und Nachbarn erhielten, für die wir gar nicht genug danken können. Die Opfer jedoch, die wir dafür auf uns genommen haben, hatten es in sich. Viele der Handlanger- und auch Handwerkerdienste wie das Ausschachten für neue Fundamente, Steine tragen, Malerarbeiten, Fliesen legen und sogar das Verfugen der neuen Verklinkerung haben wir in Eigenarbeit selbst und zusammen mit Freunden und Bekannten erledigt. Immer wieder halfen uns befreundete Landwirte mit ihren Traktoren und Frontladern bei bestimmten Transportaufgaben oder auch dem Bewegen von Erdmassen oder Ähnlichem. Selbst das Dach, das inzwischen mehr als dreißig Jahre schadensfrei überlebt hat, haben wir unter der Leitung eines befreundeten Dachdeckers und mit der Unterstützung von zahlreichen freiwilligen Helfern aus der Nachbarschaft in Eigenleistung gedeckt.

Sendenhorst - unser vierter Wohnort (1979-1985)

Unsere Kinder mussten frühzeitig damit klar kommen, dass ihr Zuhause anders war als das ihrer Freunde, dass sie Schuttberge vor dem Haus anstatt sauberer Vorgärten zu bieten hatten, und dass im Haus selbst lange kein Platz zum Spielen verfügbar war. Nein, wir hatten in diesen zwei Jahren, in denen wir unser Haus von Grund auf saniert haben, während wir bereits unter schwierigsten Umständen darin wohnten, keine Zeit für Einladungen zum gemütlichen Kaffeeklatsch oder dergleichen, insbesondere auch weil der Bauherr im zweiten Jahr nach Koblenz versetzt wurde und nur noch am Wochenende einsatzfähig war. Die Arbeiten während der Woche mussten in dieser Zeit also parallel zur Versorgung der Kinder und meiner Berufstätigkeit, die die Abzahlung des Baudarlehens sicherte, allein unter meiner Aufsicht erledigt werden – kein einfaches Vorhaben im damals noch sehr konservativen Münsterland. Aber irgendwann hatten wir es geschafft. Die Einweihungsfeier des kernsanierten Hauses im Kreis der Maurer, Handwerker und vieler freiwilliger Helfer und Freunde werden wir nie vergessen. Wir wohnen übrigens heute wieder in diesem unserem Haus, und unsere Kinder und nun auch Enkelkinder haben, wie wir es erhofft hatten, ein sehr besonderes Verhältnis dazu.

„Normales" Familienleben und unsere ungleichen Kinder

Das Haus war nun voll bewohnbar; endlich war es möglich, ein normales Familienleben zu führen, die Freunde unserer Kinder auch über Nacht zu beherbergen, Feste und Kindergeburtstage in unserem Garten zu feiern, in dem die riesigen Schuttberge nach und nach einer von Stauden, Büschen und Bäumen umgebenen weiten Rasenfläche und einem ansehnlichen Gemüsegarten Platz gemacht hatten. Unsere Kinder waren inzwischen zwölf und acht Jahre alt, und unser neues Zuhause, für das sie sich am Anfang und während des sich hinziehenden Umbaus eher geschämt hatten, war für sie tatsächlich zu so etwas wie Heimat geworden.

Während unsere Tochter inzwischen die 2. Klasse des St. Michael Gymnasiums in Ahlen besuchte und bisher weder in der Schule noch im Hinblick auf ihre sozialen Kontakte irgendwelche Einschränkungen erlebt hatte, war für ihren fast vier Jahre jüngeren Bruder von Anfang an alles ein wenig schwieriger. Bis zur Schule genoss er es, ohne irgendwelche größeren Leistungsanforderungen und stets in Begleitung unseres Hundes Dina mit seinem Trettraktor auf den Straßen und Feldwegen in der ländlichen Umgebung unterwegs zu sein. Überall war er bekannt und aufgrund seines zurückhaltenden und verträglichen Wesens sehr beliebt; wenn Spielkameraden da waren, war es für ihn in Ordnung; falls keine zur Verfügung standen, war ihm das auch recht. Der ärztliche Schulreifetest im Alter von sechs

Jahren fiel auch aufgrund seiner damals noch zu ge-
ringen Körpergröße sehr mittelprächtig aus. Dennoch
entschlossen wir uns, ihn einzuschulen, wobei die
Überlegung ausschlaggebend war, dass spätere Klas-
senwiederholungen aufgrund von weiteren Versetzungen des Vaters nicht auszuschließen waren. Diese
Entscheidung aber erwies sich als großer Fehler, denn
sehr bald wurden wir mit der Empfehlung konfrontiert,
ihn aus der Grundschule zu nehmen und noch ein Jahr
in der Vorschule reifen zu lassen. Der neue Schulstart
ein Jahr später verlief dann unspektakulär, und auch
die Versetzung in die zweite Klasse war ungefährdet.
Dennoch blieb dieser ungünstige Beginn der Schulzeit
für unseren Sohn ein regelrechtes Trauma, das ihm
und uns bei jedem Wechsel an eine neue Schule Probleme bereiten sollte.

Versetzung nach Stadtallendorf - alles ändert sich

Genau in dieser Phase des Aufatmens auf allen Ebe-
nen und ausgerechnet während unseres erstmals
möglichen gemeinsamen Familienurlaubes nach dem
Hauskauf – es handelte sich dabei um eine vierzehn-
tägige Radtour mit den Kindern von Flensburg bis
Lübeck, eine echte Abenteuertour, bei der wir grundsätzlich im Zelt oder bei irgendwelchen Bauern im Heu
nächtigten – erreichte uns die Nachricht, dass Jost
Bataillonskommandeur in Stadtallendorf bei Marburg
werden sollte. Damit war für ihn ein überaus wichtiges

Etappenziel seiner beruflichen Laufbahn erreicht, eine Verwendung, die er sich immer gewünscht hatte. Für uns als Familie und insbesondere auch unsere Kinder bedeutete diese eigentlich wunderbare Nachricht einen ersten wirklich schmerzhaften Einschnitt, wie aus der folgenden Notiz, die ich kurz vor dem Umzug nach Stadtallendorf im November 1985 geschrieben habe, deutlich wird:

„Noch wohnen wir in Sendenhorst, in unserem eigenen Haus, während Jost schon das Bataillon in Stadtallendorf übernommen hat. Wir führen also vorerst wieder einmal eine Wochenendehe. Im Augenblick ist das allerdings weniger schlimm. Unendlich viele Dinge sind vor dem Umzug zu erledigen. Im Büro der Brennerei muss alles aufgearbeitet und ordentlich übergeben werden; in der Wohnung warten sämtliche Schränke, Regale und Truhen darauf, geordnet und aussortiert zu werden und am Haus selbst gilt es noch eine Menge zu reparieren oder fertig zu stellen, damit unsere neuen Mieter auch wirklich zufrieden sein können. Uns liegt viel daran, dass sie sich in unserem Haus, das wir mit so viel Herzblut und Mühe wieder zum Leben erweckt haben, genauso wohl fühlen, wie wir das getan haben. Irgendwie habe ich das Gefühl, dass wir das auch dem alten Gemäuer schuldig sind, was natürlich Blödsinn ist. Es fällt so schwer, sich von unserem Besitz zu trennen. Wir kennen jede Ecke des Gebäudes, haben jeden Winkel selbst gestaltet; wir wissen, was unter den Fußböden ist, und wir kennen auch die Schwächen

dieses Altbaus und können nur hoffen, dass die Mieter genauso damit leben können wie wir. So ist zum Beispiel das Dach bei starkem Wind nicht ganz dicht und wird es auch nie sein, da der Dachstuhl 150 Jahre alt ist, gefertigt aus handbehauenen Eichenbohlen, schief und krumm. So etwas ist eben nicht zu ändern. Aber das Haus bietet auch eine Menge, was Neubauten nie bieten können: Einen offenen alten Kamin mit einem typischen Münsterländer Räucherbosen in der Diele, alte Holzdecken und eine anheimelnde gemütliche Atmosphäre, zwei große 150 Jahre alte Bäume, die das Dach überspannen, im Sommer wunderbar kühl halten und im Winter schützen. Und dann der große wahrhaft herrliche Garten – ein Kinderparadies und ein von außen nicht einsehbares Refugium mit vielen Büschen und altem Baumbestand! Auch unsere zukünftigen Mieter haben das bei ihrer Bewerbung wohl so gesehen und nicht einen Moment gezögert, obwohl auch andere Häuser zur Verfügung standen.

Und nun sollen und wollen wir also ausziehen. In Kürze wird hier der Möbelwagen vor der Tür stehen – ich kann es mir gar nicht vorstellen! Und dann geht es nach Stadtallendorf, das bei unserem ersten Besuch so gar nicht reizvoll aussah. Wir werden im sog. Kommandeurshaus unterkommen. Das klingt zwar toll, aber es handelt sich hier um ein ziemlich hässliches mehrstöckiges Doppelhaus mit schmutzig-weißer Putzfassade und einem großen vertikal verlaufenden Riss, der notdürftig mit einer Spachtelmasse zugekleistert wurde.

Die Kletterpflanze, die, noch immer sichtbar, früher die-
sen Makel verdeckte, hatte man abgenommen, ohne
dass eine Sanierung der Fassade durchgeführt wurde.
Wieder einmal werden wir in einem Haus leben, das
dem Bund gehört und das auch im Inneren in einem
miserablen Zustand ist. Aber Jost wird Bataillonskom-
mandeur und er freut sich sehr auf seine neue Aufga-
be. Mitgehangen, mitgefangen. Wir haben es gewusst,
dass die nächste Versetzung und der Wegzug von Sen-
denhorst unweigerlich kommen würde, und so habe
ich fest vor, ihn dabei nach Kräften zu unterstützen."

Die Nachricht von unserer Versetzung und dem in
Kürze bevorstehenden Umzug nach Stadtallendorf
schlug in unserem Sendenhorster Bekannten- und
Freundeskreis wie eine Bombe ein. Obwohl wir immer
wieder versichert hatten, dass wir aufgrund des Offi-
zierberufs mit Sicherheit wieder wegziehen müssten,
obwohl wir allen unser Motiv für den Hauskauf immer wieder erklärt hatten – nämlich einen Heimatort
für uns und die Kinder zu schaffen, wohin man auch
weiterhin Kontakte aufrecht erhält und später wieder
zurückkehren könnte – , jetzt trafen wir auf weitge-
hendes Unverständnis. Die wenigsten konnten es sich
wohl vorstellen, dass man ein Haus mit so viel Mühe
herrichten und dann doch verlassen würde. Natürlich haben wir eine Abschiedsparty gegeben, zu der
eigentlich alle unserer Bekannten und Freunde kamen.
Traurig war es aber, dass gerade diejenigen, die uns
am meisten bei der Sanierung des Hauses unterstützt

hatten, am Umzugstag nicht mehr vorbeikamen – wohl aus Enttäuschung, dass ihre Erwartung, dass ein Haus uns halten könnte, nicht erfüllt worden war. Langsam begannen wir zu ahnen, dass wir uns vielleicht etwas vorgemacht hatten, wenn wir davon ausgegangen waren, dass wir als Bundeswehrangehörige mit unseren so speziellen und unvermeidlichen Lebensbedingungen innerhalb der Gemeinschaft einer Kleinstadt wie Sendenhorst ohne Einschränkung integriert und auch verstanden werden könnten.

Die feierliche Übergabe des Panzerbataillons in Stadtallendorf fand einige Wochen vor unserem Umzug statt und bedeutete unseren ersten offiziellen Auftritt als Familie des zukünftigen Kommandeurs. Die Bataillonsübergabe auf dem großen Exerzierplatz der Stadtallendorfer Hessen-Kaserne (auf dem ich in den folgenden Jahren immer wieder als Zuschauerin sitzen sollte) mit dem Aufmarsch aller Kompanien und etlicher Panzer, die Fahnenübergabe, das gemeinsame Abschreiten der Front durch den Brigadekommandeur, den alten und neuen Bataillonskommandeur, das Spielen des Musikkorps und die vielen Reden, in denen vor allem und mit Recht die Verdienste des scheidenden Kommandeurs gewürdigt wurden – das war schon beeindruckend für mich und die Kinder, die ihren Vater zwar in Uniform kannten, die aber in der Sendenhorster Zeit wenig von seiner eigentlichen Tätigkeit als Panzeroffizier mitbekommen hatten. Eines war damit aber auch klar: Unser vom Militärischen weitgehend gelöstes privates Leben, das wir in Sendenhorst geführt hatten, gehörte nun der Vergangenheit an. Völlig neue Aufgaben würden auf uns zukommen, und ich freute mich darauf.

Der eigentliche Umzug fand Mitte November statt. Jost hatte dafür bewusst ein Stadtallendorfer Umzugsunternehmen engagiert, in der Annahme, dass dann alles bestimmt besonders gut klappen würde. Leider kam es ganz anders. Gerade bei diesem Umzug, der uns ja allen so sehr an die Nieren ging, mussten wir mehrere Tage mit vier Möbelpackern auskommen, die unfreundlich und völlig ungeschult waren und sehr ruppig mit unserem Eigentum umgingen. So dünnhäutig wie ich damals war, tat es mir richtig weh, als ich zum Beispiel ansehen musste, wie einer der Männer unsere teuren Messingblaker, die wir, obwohl wir sie uns eigentlich nicht leisten konnten, für die Diele erstanden hatten, achtlos auf dem steinernen Boden herumkickte und auf meine Aufforderung hin, das zu lassen, auch noch unwirsch reagierte.

Ich war so froh, als der Umzugswagen sich endlich auf den Weg nach Stadtallendorf machte und wir noch einmal allein in unserem völlig entleerten Haus sein konnten. Während die Kinder völlig unbelastet bei Freunden spielten, machten wir beide gemeinsam alles noch einmal von Grund auf sauber, während uns unsere treue Hündin Dina, wohl Böses ahnend, auf Schritt und Tritt begleitete. Dann übergaben wir die

Schlüssel an unsere glücklich aussehenden Mieter, sammelten unsere Kinder ein und nahmen endgültig Abschied von Sendenhorst.

Stadtallendorf in Hessen - unser fünfter Wohnort (1985-1988)

Die Nacht verbrachten wir alle zusammen in einem Gästezimmer im Stadtallendorfer „Soldatenheim". Beim gemütlichen Abendessen wurde die Stimmung langsam besser. Wir redeten darüber, was uns nun alle erwarten würde: Ein Haus, das zwar nicht besonders schön war, das aber mit seinen gut 180 qm Wohnfläche und 7 durchaus geräumigen Zimmern und einem wirklich großen Garten reichlich Platz für uns bieten würde; die Kinder malten sich die Einrichtung ihrer Zimmer aus, und auch die neuen Schulen und die damit verbundenen Ängste, keine Freunde unter den Klassenkameraden zu finden, kamen zur Sprache.

Der Umzug

Als am nächsten Tag der Möbelwagen vorfuhr, war keine Zeit mehr, zurückzuschauen. Wenn wir die ungeliebten Möbelpacker nicht länger als nötig im Haus haben wollten, mussten wir jetzt alle mit Hand anlegen. Bei keinem der folgenden Umzüge haben wir so viel mitgearbeitet wie hier. Die Arbeit war für alle mühsam, denn die Zimmer waren auf drei Etagen verteilt und die Kartons und Möbel konnten nur über die relativ enge und steile Holztreppe dorthin transportiert werden. Besonders kniffelig war der Einbau unserer beiden Küchenzeilen, die wir bereits gebraucht für unser Sendenhorster Haus günstig erstanden hatten und die uns auch noch in den nächsten beiden Wohnungen in immer anderen Kombinationen treue Dienste leisteten. Hier in Stadtallendorf hatte die 12 qm große Küche einen quadratischen Grundriss, so dass die Einzelteile nun über Eck zusammengestellt und eine neue Arbeitsplatte angepasst werden musste. Die Küche blieb also notgedrungen für mehrere Tage kalt. Dass wir dennoch gut versorgt wurden, war einigen Offiziersfrauen aus dem Brigadestab zu verdanken, die uns abwechselnd mit riesigen heissen Eintopfportionen versorgten – eine Aktion, die in Bundeswehrkreisen durchaus üblich ist, weil jeder aus eigener Erfahrung ähnliche Nöte kennt.

Erste Erfahrungen am neuen Wohnort

Nur wenige Tage nach dem Umzug war mein Mann wieder im Dienst und unsere Kinder besuchten zum ersten Mal ihre neuen Schulen: Johannes, inzwischen 8 Jahre alt, die 2. Klasse der örtlichen Bärenbach Grundschule; unsere 12-jährige Tochter das bischöfliche Gymnasium auf der Amöneburg in der Nähe von Kirchhain. Zum ersten Mal war ich vormittags mit Hund Dina allein im Haus und obwohl reichlich Arbeit auf mich wartete, entschloss ich mich, mit ihr zunächst einmal einen Rundgang zu machen, um unser neues Lebensumfeld zu erkunden. Dabei stellte ich einigermaßen entsetzt fest, dass unser Garten, der sich weit in die Tiefe erstreckte und am Ende mit dichten Büschen besetzt war, direkt an militärisches Gelände angrenzte, das mit hohem

Stacheldrahtzaun und einer regelmäßigen Patrouille durch Soldaten mit Gewehr gesichert wurde. Nur ein paar Schritte weiter lag die evangelische Kirche und in unmittelbarer Nähe der Beginn des modernen Stadtallendorfer „Zentrums" mit einer Apotheke, einem – wie sich bald herausstellte sehr guten – Metzger und einem nüchtern-hässlichen Konglomerat von lieblos aneinander gereihten Flachdach-Gebäuden: die Stadtallendorfer Fußgängerzone! Meine Stimmung war auf dem Tiefpunkt angelangt. Wo waren wir hier hingeraten? Zum ersten Mal in unserer Ehe fühlte ich, dass für mich ein Punkt gekommen war, wo es mir schwer fiel, das alles hinzunehmen. Ich wollte in keinem heruntergekommenen Haus wohnen; in mir sträubte sich alles gegen den Stacheldraht hinter unserem Garten, und ich sehnte mich nach dem fröhlichen Hallo von Bekannten und dem in meiner Erinnerung geradezu romantischen alten Ortskern von Sendenhorst, was er in Wahrheit nie war. Das nächste Aha-Erlebnis, das Wasser auf meine schon laufenden Mühlen beförderte, ließ nicht lange auf sich warten. Ich hatte Wäsche gewaschen und über Nacht im Garten zum Trocknen hängen lassen. Am nächsten Morgen waren alle Teile mit schwarzen Rußpartikeln übersät! Der Verursacher war eine Eisengießerei, die nachts durch die Schornsteine ihren Schmutz in die Atmosphäre pustete. Obwohl alle wussten, wie verpestet die Luft durch diesen Betrieb je nach Wetterlage zeitweise war, wurde offenbar von der Stadt nichts dagegen unternommen.

Die Kinder - Bewährungsproben

Auch die Kinder hatten es am Anfang nicht einfach. Sie litten unter dem Verlust ihres behüteten Sendenhorster Lebens und vor allem auch ihrer Freunde. Es war ja das erste Mal, dass sie eine vertraute und sozial sichere Umgebung zurück lassen mussten und gezwungen wurden, sich in ein neues Umfeld zu integrieren. Selbst unsere Tochter, die bis dahin nie Probleme mit der Schule hatte und in ihrer Klasse sehr beliebt war, machte auf der Amöneburg zunächst einmal Erfahrungen, die wir ihr gerne erspart hätten. So bemühte sich am Anfang zu ihrer Freude und Erleichterung eine ganze Reihe von Mädchen aus unterschiedlichen Kreisen um ihre Freundschaft, was jedoch zur Ablehnung derjenigen führte, mit denen sie weniger zu tun hatte. Schließlich stellten sich auch einige Jungen gegen sie, von denen einer in unserer direkten Nachbarschaft lebte und ihr mit niederträchtigsten Aktionen das Leben schwer machte. Aber in ihrem Fall kehrte bald Ruhe ein, und sie war nach diesen Anfangsschwierigkeiten bis zu unserem nächsten Standortwechsel sehr glücklich auf diesem Gymnasium.

Ganz anders unser Jüngster. Über 50 Prozent seiner Mitschüler stammten aus Familien mit Migrationshintergrund, deren Väter in der Eisenindustrie beschäftigt waren. Wir hatten den Eindruck, dass er sich von Anfang an wie ein Fremdkörper in dieser neuen Gemeinschaft fühlte. Dennoch ist mir einer seiner Geburtstage

in Erinnerung, zu dem er mutig Einladungen verschick-
te – mit dem Erfolg, dass die lebhafte Gesellschaft völlig unkontrolliert über Tische und Schränke ging, ohne
dass er oder ich irgendwelche Einwirkungsmöglichkei-
ten hatten.

Alles wurde jedoch besser, als Johannes den gleichaltrigen Sohn des Forstamtsleiters von Rauschenberg
kennenlernte. Die beiden sehr ungleichen Jungen waren bald ein Herz und eine Seele; eine Freundschaft,
die sich bis heute erhalten hat. Gleichzeitig trat er in
den örtlichen Turnverein ein, wo er sehr schnell über-
durchschnittliche Leistungen zeigte und durch inten-
sives Einzeltraining bei Wettbewerben erste Erfolge
einfuhr, was seinem Selbstbewusstsein gut tat.

Dennoch blieb die Schule ein Problem. Abgesehen von
mittelmäßigen Leistungen begann unser Sohn nach
einigen Monaten unter einem immer wieder kehren-
den Husten mit Atemnot zu leiden, was durch unseren Hausarzt als Bronchitis gedeutet wurde, wobei die
schlechte Luft in Stadtallendorf durchaus ihren Anteil
daran gehabt haben mag. Die Krankheit verschlimmer-
te sich zusehends, je länger wir in Stadtallendorf wohnten, so dass der Junge schließlich immer häufiger auch
für längere Zeit nicht in die Schule gehen konnte. Wir
Eltern waren froh, dass er am Ende der vierten Klasse
dennoch die Eignung zum Übertritt in ein Gymnasium
bescheinigt bekam. Erst im nächsten Standort Heidelberg sollten wir erkennen, dass der Druck dadurch für

unseren Sohn ein Ausmaß annahm, dass er ihn so nicht mehr bewältigen konnte.

Stadtallendorf - Vorzüge auf den zweiten Blick

So trostlos vor allem mir am Anfang die Aussichten für unser zukünftiges Leben in Stadtallendorf erschien, sehr bald sollten wir feststellen, dass dieser Ort eine ganze Reihe von Vorzügen hatte, dass wir mit diesem Standort während der Kommandeurszeit meines Mannes vielleicht sogar so etwas wie den Jackpot gewonnen hatten!

Was wir zunächst überhaupt nicht wahrgenommen hatten: Stadtallendorf hat eine herrliche Lage! Es liegt, nur wenige Kilometer von der Universitätsstadt Marburg entfernt, wunderschön eingebettet in eine saftiggrüne Hügellandschaft mit ausgedehnten Misch- und Nadelwäldern, eine Umgebung, die gerade für junge Familien mit Kindern und Hund zu spannenden Erkundungsspaziergängen, Schnitzeljagden, Joggen und vielem mehr einlädt. Selbst die Hessen-Kaserne, der Sitz „unseres" Bataillons, lag außerhalb des Ortes mitten im Wald, und auch das zugehörige Offizierkasino mit diversen einladenden Gesellschaftsräumen, einer guten Küche, Terrassenbewirtschaftung und anschließenden Tennisplätzen war von Bäumen und Natur umgeben und ein überaus beliebter Treffpunkt für alle Offiziere und ihre Familien.

Letztendlich aber waren es die Menschen, die das Leben in Stadtallendorf erst lebenswert machten, indem sie – vielleicht gerade, weil der Ort sonst nicht viel zu bieten hatte – für ein hervorragend funktionierendes und kunterbuntes gesellschaftliches Leben sorgten. Die Initiatoren für alle größeren gesellschaftlichen Ereignisse wie Bataillons- und Brigadebälle, Jahreszeiten-Feste, Biwaks, Ralleys, Adventsabende, Tannenbaumschlagen und vieles mehr waren zwar in der Regel die verschiedenen Institutionen der ortsansässigen Bundeswehr mit ihren drei Bataillonen sowie dem Grenadier-Bataillon und dem Brigadestab in Neustadt; diese vielfältigen Angebote wurden jedoch auch durch große Teile der Zivilbevölkerung mit Begeisterung angenommen. Wie nah die Verbindung von Bundeswehr und zivilen Bürgern war, das zeigte sich auch darin, dass die Bataillone eigene Freundeskreise unterhielten, in denen im rein privaten Rahmen alle möglichen gemeinschaftlichen Aktivitäten durchgeführt wurden. Die sonst so scharfe Trennung zwischen dem Leben der Bundeswehrangehörigen und der Zivilbevölkerung war hier kaum ein Thema. Jede Seite profitierte von der anderen.

Ein zusätzlicher besonderer Pluspunkt in Stadtallendorf war das Offizierkorps selbst, in dem sich die meisten eng verbunden mit dem Bataillon fühlten und sogar einen gewissen Stolz empfanden, zu diesem Verband zu gehören. Sie hatten eigentlich alle ein Interesse daran, dass im Bataillon ein guter Geist herrschte, der sich auch im außerdienstlichen Miteinander niederschlug. Viele der Offiziere waren bereit, sich auch nach der offiziellen Dienstzeit dafür einzusetzen, und so konnten herausragende Veranstaltungen auf die Beine gestellt werden. Die großen Tanzfeste des Bataillons sind ein gutes Beispiel dafür. Bis zu vierhundert Gäste freuten sich alljährlich darauf, wobei viele davon angesehene Mitglieder der zivilen Bevölkerung Stadtallendorfs und seiner Umgebung waren. Dazu gehörten Kommunalpolitiker, leitende Angestellte der zum Teil großen Wirtschaftsunternehmen wie der ortsansässigen Firma Ferrero und eine ganze Reihe von mittelständischen Unternehmern. Die Vorbereitung dieser großen Veranstaltungen lag stets in den Händen bereits bewährter und besonders kreativer Offiziere des Bataillons, die sich für jeden Ball ein besonderes Motto und eine darauf abgestimmte, oft sehr ausgefallene und überraschende Dekoration ausdachten. So wurden zum Beispiel bei einem Herbstball mit dem Motto „Jagd" ganze Bäume und Sträucher mit Herbstlaub in den Ballsaal hineingebastelt; dazwischen tummelten sich ausgestopfte Waldtiere, und auf einem kleinen Teich schwammen fröhlich einige Kunststoffenten, die sonst als Jagdattrappe dienten.

In der Regel waren auch die Ehefrauen der Offiziere an den Vorbereitungen beteiligt. So haben wir zum Beispiel für einen Adventsball in Gemeinschaftsarbeit einen beeindruckend großen Adventskranz gebunden und als sog. Ballgeschenke, die den Gästen als

Erinnerung an diesen Tag übergeben wurden, kleine Kränze aus Tannenzapfen und blauen Trockenblumen auf einem Styroporring gefertigt. Es war für sich schon ein gutes Gefühl, das alles gemeinsam zu fabrizieren; richtig Spaß machte aber auch der Waldspaziergang aller Beteiligten im Vorfeld, bei dem wir gemeinsam mit den Kindern das nötige Material sammelten.

So ein Ball war also nicht nur ein großes gesellschaftliches Ereignis, durch das das Bataillon sich nach außen darstellen konnte; er war auch ein Gemeinschaftswerk, das die Offiziersfamilien in gewisser Weise zusammenschweißte.

Der Damenkreis und seine Aufgaben

Von besonderer Bedeutung für mich war der Kreis der Offiziersfrauen unseres Bataillons, für den ich als Frau des Kommandeurs automatisch als eine Art „Leitkuh" zuständig war. Ich war damals vierunddreißig Jahre alt und gehörte unter diesen Frauen zu den Jüngsten. Und so war bei meiner ersten Einladung eine gewisse Skepsis mir gegenüber zu spüren, die sich jedoch bald legte, was wohl vor allem dem grundsätzlich vorhandenen guten Willen aller zuzuschreiben war. In den folgenden zweieinhalb Jahren bis zu unserer nächsten Versetzung ist mir dieser Kreis sehr ans Herz gewachsen, und wir haben gemeinsam mit großem Spaß und Begeisterung eine ganze Menge unternommen und bewegt.

Eine wichtige Funktion dieses Kreises war (ähnlich wie es bereits in der Külsheimer Kompanie gehandhabt wurde) die Unterstützung der Familien in Notfällen und andererseits das Mitfreuen und -feiern bei erfreulichen Ereignissen. Jede Geburt und jeder Geburtstag, jeder Krankenhausaufenthalt oder auch andere Probleme wurden, wenn das gewünscht war, durch Angehörige dieses Kreises begleitet, wobei die Frau des Kommandeurs natürlich am meisten gefordert war. Insbesondere das Alleinsein während der häufigen Übungsplatzaufenthalte oder Lehrgänge der Männer machte vielen jungen Frauen zu schaffen, und nicht selten entstanden dadurch auch Eheprobleme. So erinnere ich mich gut an einen verzweifelten Anruf eines noch sehr jungen und frisch verheirateten Oberleutnants, der mich während einer Dinnereinladung in unserem Haus erreichte. Er, der gerade weit weg von Stadtallendorf an einem Lehrgang teilnahm, bat mich, unverzüglich seine junge Frau aufzusuchen, die angedeutet hatte, sich aus dem Fenster zu stürzen, weil sie das Alleinsein nicht ertragen konnte. Ich bin tatsächlich sofort dorthin gefahren, und ich denke, allein die Tatsache, dass sie merkte, dass sie nicht allein war, hat ihr geholfen. Übrigens wurde alles leichter für sie, als sie ein Jahr später ihr erstes Kind bekam und selbst Verantwortung übernehmen musste.

Das Ganze war jedoch keine Einbahnstraße. Auch ich konnte mich jederzeit darauf verlassen, dass ich nie allein stehen würde, wenn ich Unterstützung benötigte.

Uns allen stand also ein sicheres Netzwerk zur Verfügung – wenn man das denn wollte. Aber natürlich gab es Familien, die keinen Wert darauf legten oder einfach keine Notwendigkeit sahen, im privaten Bereich so eng eingebunden zu werden. Für Jost und mich, die wir immer sehr viel Wert auf ein selbstbestimmtes und unbeobachtetes Familienleben gelegt haben, war es gar keine Frage, dass so eine Einstellung völlig legitim ist und selbstverständlich akzeptiert werden musste.

Eine außergewöhnliche Aufgabe kam auf unseren Damenkreis zu, als dem Bataillon für ein halbes Jahr drei pakistanische Offiziere zur Schulung zugeteilt wurden. Sie kamen nicht allein, sondern mit ihren jungen Frauen, von denen eine bereits ein Kind hatte. Sie wurden in abseits stehenden Häusern vor der Kaserne, aber weit weg vom Ort und völlig isoliert von allen anderen Bataillonsangehörigen untergebracht. Von uns wurde nun erwartet, dass wir uns um diese jungen Frauen kümmerten, während ihre Männer am normalen Dienst im Bataillon und an Lehrgängen an den Truppenschulen teilnahmen. Leider endete dieses Vorhaben höchst unerfreulich, wobei das vor allem daran lag, dass man uns in keiner Weise auf diese Aufgabe vorbereitet hatte. Wir wußten nichts über die so fremdartige Kultur unserer Schützlinge, nichts über ihre religiösen Vorstellungen und die Art und Weise des Zusammenlebens dieser Menschen inner- und ausserhalb ihrer Familien. So begannen wir ohne viel darüber nachzudenken, die so isoliert lebenden pakistanischen Frauen gelegentlich zu besuchen, und Jost und ich haben sie manchmal auch zusammen mit ihren Männern zu uns eingeladen. Alles erschien am Anfang sehr harmonisch, doch mit der Zeit merkten wir, dass die pakistanischen Offiziere sich zurückzogen, immer weniger in der Dienststelle zu sehen waren und ihren Frauen mehr oder weniger verboten, nähere Kontakte mit uns zu pflegen. Uns war natürlich klar, dass da etwas grundsätzlich schief gelaufen war. Aber was? – Ich weiß es bis heute nicht. Leicht frustriert haben wir daraufhin unsere Besuche bei diesen Familien eingestellt. Aber immerhin überreichten sie mir anlässlich ihres Abschiedes als Dank und, wie sie selbst sagten, als Entschuldigung einen riesengroßen Strauß mit dunkelroten langstieligen Rosen. Manchmal frage ich mich, wo sie jetzt wohl sind.

Gesellschaftliche Pflichten

Parallel zu dem lebhaften Gemeinschaftsleben innerhalb der Bundeswehrstrukturen entwickelten sich aufgrund der exponierten Stellung als Kommandeur auch enge Kontakte zu der Zivilbevölkerung rund um Stadtallendorf und Marburg, mit der Folge, dass wir viele Einladungen wahrnehmen und regelmäßig an den verschiedensten Veranstaltungen teilnehmen mussten. Die Kosten für den Babysitter konnten wir uns Gott sei Dank bald sparen, da unsere Kinder langsam groß genug waren, auch alleine zurechtzukommen. Allerdings waren selbst mit vielen Pflichtveranstaltungen zum Teil hohe Eintrittsgebühren verbunden, und natürlich kamen wir nicht umhin, zu jedem Anlass Blumen oder Geschenke mitzubringen. Die Belastung unserer Haushaltskasse war enorm und angesichts unserer hohen Raten zur Abzahlung des Sendenhorster Hauses belastete das auch unsere Stimmungslage. Ich habe mir damals mit folgenden Worten meinen Frust von der Seele geschrieben:

"Mit der Versetzung nach Stadtallendorf als Bataillonskommandeur war die Auflage verbunden (das musste unterschrieben werden!), mit der ganzen Familie umzuziehen. Mit diesem Umzug aber zählen die Mieteinnahmen für unser Sendenhorster Haus als Gewinn; die Miete aber, die wir für unser Haus am neuen Ort zahlen müssen, wird nicht als Aufwand angerechnet. Das bedeutet im Klartext, durch die vom Dienstherrn Staat verordnete Versetzung und den damit verbundenen Umzug – die Alternative wäre gewesen, die Kommandeursverwendung abzulehnen und damit einen Knick in der Berufslaufbahn in Kauf zu nehmen – haben wir von vornherein einen Verlust von mehreren hundert Mark zu verdauen. Dazu kommt, dass ich meine Stellung als Buchhalterin in Sendenhorst aufgeben musste, was den Verlust meines für die Abzahlung des Hauskredits so wichtigen Gehaltes mit sich brachte. Das bedeutet nun, dass ich trotz der vielfältigen Aufgaben, die ich

hier zusätzlich aufgrund der Stellung von Jost habe, so bald wie möglich wieder einen neuen Job finden muss.

Haus, Geld und meine Arbeitsstelle – das alles gaben wir auf für eine Verwendung, bei der man in der Öffentlichkeit steht und eine Vielzahl von offiziellen Veranstaltungen, Bällen und Einladungen wahrnehmen und auch selbst geben muss. Dadurch entstehen Kosten! Das fängt bei den Telefongebühren an, geht weiter mit Geburts- und Geburtstagsgeschenken, Mitbringseln bei Einladungen, Organisationskosten für Veranstaltungen und vielem mehr. Für die Ehre, Bataillonskommandeur zu sein – und für Jost ist es eine Ehre! – kann man in Ruhe pro Monat mindestens 300 bis 500 Mark zusätzliche Ausgaben ansetzen. Ein Ballabend, von denen man mehrere pro Jahre zu bestreiten hat, kostet rund 100 Mark pro Ehepaar. Aber auch die Teilnahme an einem einfachen Soldatenfest wie z.B. einem Biwak oder einer Veranstaltung zum gegenseitigen Kennenlernen von Bürgern und Soldaten kostet schnell 50.- Mark.

All diese Aktivitäten sind ohne Zweifel nützlich! Die Verständigung zwischen dem Militär und der Zivilbevölkerung ist sogar überaus wichtig, und wir sind eifrig bemüht, sie voranzutreiben – aber muss denn alles auf Kosten der sowieso schon zeitlich über die Grenzen des Zumutbaren eingespannten Kommandeure und deren Familien gehen? Der Staat zahlt für diese nötigen Aufwendungen im Rahmen dieser Verwendung nicht einen Pfennig Aufwandsentschädigung, wohingegen ein

Offizier, der nach Bonn ins Ministerium versetzt wird und derlei Verpflichtungen und Auslagen nicht hat, die Ministerialzulage erhält. Mir fehlt jedes Verständnis für diese Haltung der Bundesregierung."

Weiterbildung und beruflicher Neuanfang

Ja, wir hatten es wirklich bitter nötig, dass ich schnellstmöglich wieder eine Arbeitstelle fand und Geld verdiente. Und so bewarb ich mich beim Stadtallendorfer Arbeitsamt um eine Stelle im Bereich Buchhaltung, Sekretariat oder auch Fremdsprachenkorrespondenz. Nun wusste jeder Arbeitgeber in Stadtallendorf, dass Frauen von Offizieren und besonders die von Kommandeuren nur eine begrenzte Zeit bleiben würden. Ich hatte deshalb eigentlich keine Chance, eine einigermaßen seriöse Stellung zu ergattern und war froh, als man mir vorschlug, einen Kursus in Ziegenhain zu finanzieren inklusive Fahrtkosten und einem Unterhaltsbeitrag. Der Kursus, der jeden Tag von 8.30 Uhr bis 14.00 Uhr stattfand und bei dem ich nicht nur die wichtigsten Computeranwendungen erlernen, sondern auch grundlegende Kenntnisse zur Programmierung erwerben sollte, dauerte ein Dreivierteljahr. Ich war überglücklich. Die Computerentwicklung steckte 1985 ja noch in den Kinderschuhen. Im Büro der Sendenhorster Brennerei wurde die Buchhaltung noch handschriftlich in einem sog. Amerikanischen Journal oder mit dem Karteikartensystem der doppelten Buchhaltung geführt. Nur für den Schriftverkehr hatten wir eine Schreibmaschine und im letzten Jahr den Commodore 64 (!), der jedoch häufig nicht das tat, was er sollte. Ich hatte also bisher wenig bis gar keine Computererfahrung, und nun tat sich hier für mich eine kostenlose Computer- Weiterbildung auf, die – das war mir damals schon sehr klar – Grundlage für jede weitere Berufstätigkeit sein würde. Ich sagte deshalb ohne Rücksicht auf all die anderen Aufgaben, die ja auch nicht vernachlässigt werden durften, sofort zu. So fuhr ich nun frühmorgens mit einem anderen Kursteilnehmer rund dreißig Kilometer nach Ziegenhain, saß fünf Stunden konzentriert auf der Schulbank, wobei der Lernstoff komplex, aber auch sehr interessant war, und war schließlich gegen 14.30 Uhr wieder zuhause. In diesen Monaten musste unsere Tochter das Essen für uns alle zubereiten, was sie aber ganz gerne und ohne großes Murren tat, vielleicht auch, weil sie aufgrund ihrer damaligen pubertären Entwicklung ganz froh war, dass nun der Fokus ihrer Mutter auf anderen Dingen lag.

Am Ende erhielt ich das ersehnte Zertifikat, und siehe da – nun fand sich auch eine Halbtagsstelle, in der ich sowohl meine Ausbildung als Fremdsprachenkorrespondentin als auch meine neu erworbenen Computerkenntnisse anwenden konnte! Als Sachbearbeiterin bei einer medizinisch-technischen Hilfsorganisation war es meine Aufgabe, die Kontakte zu diversen afrikanischen

Sozial- und Krankenstationen, Kinderheimen, Ärzten und Missionaren zu pflegen – eine für mich völlig neue und faszinierende Welt. Die Arbeit mit dem Computer wurde dabei selbstverständlich vorausgesetzt, und aller Schriftverkehr ins Ausland wurde in englischer Sprache geführt. Ich lernte, wie ein Lager mit Arzneimitteln und technischem Gerät professionell geführt wurde, wie man einen Container mit Hilfsgütern packt und die nötigen Gelder für ihren Kauf und den Transport akquiriert, wie so ein Transport logistisch richtig durchgeführt wird und wie man mit dem Funkgerät umgeht und selbst in schwierigen Situationen die Ruhe behält. Ein weiterer Schwerpunkt der Arbeit unserer Hilfsorganisation lag nämlich in der Betreuung von ausgebombten Familien in Beirut und ganz allgemein Flüchtlingen im Libanon, für die unsere Mitarbeiter, mit denen wir ständig per Funk verbunden waren, vollständige Lager aufbauten und führten. Der Kontakt mit ihnen lief über das Funkgerät, und so bekamen wir in unserem sicheren Büro jede brenzlige Situation, in der sie sich befanden, hautnah mit. Dass das ganze Unternehmen nicht ungefährlich, ja vielleicht sogar ein wenig leichtsinnig war, wurde mir klar, als zwei unserer Mitarbeiter dort entführt und mehrere Wochen gefangen gehalten wurden, bevor sie, Gott sei Dank nicht ernstlich verletzt, wieder frei kamen.

Neue Zeiten kündigen sich an

Unsere Zeit in Stadtallendorf endete ziemlich abrupt bereits nach zweieinhalb Jahren. Obwohl Jost nach Heidelberg ins Nato-Hauptquartier versetzt wurde, was im Grunde genommen eine wunderbare Nachricht war, gab er das Bataillon nur sehr ungern ab. Für uns als Familie stand wieder einmal der Abschied von vielen Menschen bevor, die uns die letzten Jahre begleitet hatten und denen wir uns verbunden wußten. Die verschiedenen Abschiedsfeiern, die uns zu Ehren mit viel Liebe ausgerichtet wurden, und natürlich die Übergabe des Bataillons auf dem Exerzierplatz der Hessen- Kaserne, bei der nun Jost als scheidender Kommandeur im Mittelpunkt stand – das sind für uns alle unvergessliche Erinnerungen.

Sehr schnell danach aber richtete sich unser ganzes Denken wieder einmal auf die, wie sich bald herausstellte, verzweifelte Suche nach einer geeigneten und dennoch finanzierbaren Bleibe im touristisch-teuren Heidelberg. Aber auch die Schulfrage beschäftigte uns in besonderem Maße, da wir vom Bundesland Hessen, dessen Schulen damals den Ruf hatten, die Kinder zu schonen, in das schulisch anspruchsvollere Bundesland Baden-Württemberg wechseln würden – ein großes Problem, wenn ein Kind wie unser Sohn unter diesen Umständen von der Grundschule auf das Gymnasium wechseln soll.

Der folgende Bericht, den ich am 27.4.1988 noch in Stadtallendorf geschrieben habe, gibt meine Verzweiflung in dieser Situation wieder:

„Ich habe es satt!! Jost hat gestern aus Heidelberg angerufen: Keine Aussicht auf ein Haus! Nirgendwo wird etwas angeboten, was groß genug ist und was wir auch bezahlen können. Dabei müssen wir in zwei Monaten unbedingt umziehen, weil die Sommerferien in Baden- Württemberg anfangen. Solange wir nicht wissen, wo wir letztendlich hinziehen werden, können wir auch keine Schulen für die Kinder auswählen. Johannes soll in eine 5. Klasse eines Gymnasiums aufgenommen werden, und es wäre gerade jetzt so wichtig zu erfahren, was verlangt wird und ob er überhaupt – aus Hessen kommend, mit mittelprächtigem Zeugnis und bedingter Empfehlung für das Gymnasium – genommen wird.

Die Bundeswehrämter helfen überhaupt nicht bei der Wohnungssuche. Die Häusermieten in Heidelberg sind extrem hoch, auch weil der Markt begrenzt ist. Wie man uns sagte, sind 1500.- Mark Kaltmiete hier ganz normal. Das ist das Doppelte von dem, was wir in Stadtallendorf zahlen. Wir müssen wirklich verrückt sein! Nach der in finanzieller Hinsicht sehr aufwendigen Kommandeurzeit in Stadtallendorf, werden wir nach Heidelberg zum NATO-Hauptquartier versetzt, was als Auslandsverwendung gilt. Doch nur bei richtigen Auslandsverwendungen verdient man fast das Doppelte vom Inlandsgehalt; wir erhalten keinen Pfennig mehr, dürfen dafür aber 500-700 Mark mehr Miete zahlen und zwar für ein wahrscheinlich kleineres Haus als das, in dem wir jetzt wohnen. Wir verdienen also im Grunde trotz anspruchsvoller neuer Verwendung weit weniger – und das nach der Kommandeurzeit, während der man (das weiß jeder, der Kommandeur gewesen ist) viele zusätzliche Ausgaben hat. Aber es ist ja nicht nur das! Sobald wir von der Versetzung nach Heidelberg gehört hatten, musste ich natürlich meine Stellung als Sachbearbeiterin bei der Hilfsorganisation kündigen – nach einem Dreivierteljahr Tätigkeit! Und das hat die Folge, dass ich kein Arbeitslosengeld beziehen kann.

Aber es stimmt ja, es gibt viele, denen es v i e l schlechter geht als uns; nur müssen sie zumindest diese Belastungen für die ganze Familie nicht auf sich nehmen. Und alles wird so selbstverständlich von uns verlangt! Ich möchte mal den Mann sehen, der in der Industrie den Standort wechselt und von dem man erwartet, dass er sich finanziell und wohnungsmäßig verschlechtert. Er wäre ein Narr und würde auch als solcher angesehen. Aber von Offizieren der Bundeswehr wird das ganz selbstverständlich erwartet; und wenn man die angebotene Verwendung unter diesen verschlechterten Bedingungen ablehnt, wirkt sich das direkt nachteilig auf die Karriere aus. Erstaunlich ist nur, dass es auch Offiziere gibt, die es sich erlauben können, keine Narren zu sein und trotzdem keine Nachteile haben. Man kann sich zum Beispiel in einem Kuhkaff in den

Stadtrat wählen lassen, und damit ist man eine solch wichtige Person für diesen unseren Staat und für die Gemeinschaft, dass man nicht mehr versetzbar ist und keinesfalls dadurch einen Nachteil haben darf. Jost vertritt die offenbar heute völlig antiquierte Ansicht, dass ein Bundeswehroffizier keiner politischen Partei angehören sollte, um neutral gegenüber seinen Untergebenen sein zu können, aber auch loyal und treu gegenüber jeder gewählten Regierung, welcher Partei sie nun angehört. Ich bin mir sehr sicher, dass er, der sich nie einer politischen Partei angeschlossen hat – denn das muss man ja, wenn man sich in einen Stadtrat wählen lässt – um einiges mehr für diesen Staat tut als ein Stadtrat in irgendeiner kleinen Gemeinde! Warum wird das nicht gesehen und honoriert?"

Dann endlich kam die erlösende Nachricht, dass Jost ein Haus hoch oben auf dem Königsstuhl, dem Hausberg von Heidelberg, gefunden hatte, und dieses Mal machte ich mich sofort auf den Weg, um es vorab zu besichtigen und mir ein Bild von den möglichen Schulen für die Kinder zu machen. Nach meiner Rückkehr entstand der folgende Bericht, der meine sehr zwiespältigen Gefühle wiedergibt:

„Die erste überschwängliche Freude über das endlich gefundene Reihenhaus ist etwas abgeflacht, auch wenn die Tatsache, überhaupt ein Haus gefunden zu haben und nun zu wissen, wo wir in zwei Monaten hinziehen werden, doch beruhigend ist. Jost hat den

Mietvertrag noch am selben Abend unterschrieben. Das Häuschen, das gerade einmal über rund 110 qm Wohnfläche verfügt, liegt in einer Neubausiedlung von Gaiberg auf der Rückseite des Königstuhls und ist von Heidelberg entweder über Leimen in 12 km oder über eine 7 km lange Serpentinenstraße vom Heidelberger Zentrum aus zu erreichen. Schön ist die Lage am Hang mit Blick in eine Obstbaumplantage. Das Haus ist niegelnagelneu, und wir werden die ersten Mieter sein. Im Erdgeschoss gibt es eine Art Vorraum, von dem aus eine Treppe in den Keller führt, wo wir über einen Wasch- und einen einzigen Abstellraum verfügen werden. Der Rest des Kellers besteht aus einem Bereich, den der Vermieter für sich und seine Kinder vorbehalten will. Vom rund 30 qm großen Wohn-Esszimmer im Erdgeschoss aus gelangt man auf den Balkon mit Blick in einen Obsthain, in die Küche und - über eine gemauerte Treppe - in das Obergeschoss mit einer winzigen Diele und drei kleinen Schlafzimmern. Durch die Dachschrägen wirken sie zwar ganz gemütlich, aber wie ich gesehen habe, sind Stellflächen Mangelware. Johannes' Bett wird wohl notgedrungen direkt unter einem großen Veluxfenster stehen, und so wird er nachts in den Sternenhimmel hineinträumen können, was er wahrscheinlich gar nicht so schlecht findet. Doro wird im Dachboden unterkommen, der ein einziger großer Raum und vollständig mit Teppichboden ausgelegt ist. Die Dachschrägen führen allerdings bis zum Boden; es gibt keine einzige gemauerte Wand. Noch ist ihr zukünftiges Zimmer nur über eine einfache Bauleiter zugänglich, aber der Vermieter hat uns den baldigen Einbau einer Wendeltreppe versprochen. Dieses winzige Haus mit Balkon, aber ohne direkten Gartenzugang, kostet 1250.- DM Miete plus 200.- DM Nebenkosten und – der Wermutstropfen - 2500.-DM Kaution! Wie uns gesagt wurde, im Raum Heidelberg ganz normal! Aber für uns heißt es nun: Woher nehmen, wenn nicht stehlen? Wir müssen die Raten für unser Sendenhorster Haus bezahlen, die weit höher sind als die Miete, die wir dafür bekommen, und so haben wir im Augenblick keinen Pfennig übrig. Nachforschungen, ob in solchen Fällen eventuell vom Arbeitgeber ein zinsloses Darlehen gewährt werden kann, verliefen negativ. Die Lösung: Der nach der für die ganze Familie fordernden Kommandeurzeit überfällige Urlaub fällt nun ins Wasser – zugunsten der Absicherung unseres Vermieters, falls wir etwas im Haus beschädigen.

Aber uns werden in Heidelberg wohl auch noch ganz andere Probleme erwarten. So habe ich mir dort das moderne Helmholtz-Gymnasium angesehen, das im Hinblick auf das Fächerangebot und die Erreichbarkeit von Gaiberg aus als einzig mögliche Schule für beide Kinder in Frage kommt. Nur fürchte ich, dass dieser Wechsel insbesondere für Johannes, der von der kleinen Bärenbach Grundschule kommt, eine herbe Umstellung werden wird. Das Schulgebäude ist ganz aus grauem Beton gebaut, sehr nüchtern und riesengroß."

Die Übergabe des Bataillons in Stadtallendorf fand Ende März 1988 statt; der offizielle Versetzungstermin ins Nato-Hauptquartier in Heidelberg war der 1. April und den Umzug nach Gaiberg haben wir im Juli in den Sommerferien durchgeführt. In den uns noch verbleibenden letzten Monaten in Stadtallendorf haben die Kinder und ich unseren kompletten Haushalt rigoros durchforstet und alles, was wir nicht mehr unbedingt brauchten, aussortiert, an die Kirche und Freunde verschenkt oder auf den Sperrmüll gebracht, da unser zukünftiges Zuhause ja über weit weniger Wohnfläche als bisher und nur einen kleinen Kellerraum verfügte. Vieles wie zum Beispiel das Spielzeug, die Fahrräder oder auch das Babybett der Kinder, denen sie inzwischen entwachsen waren, hätte ich gerne für unsere potentiellen zukünftigen Enkelkinder behalten, wie das „normale" Eltern tun; aber es gab auch andere Dinge, die schmerzten. So hat es uns unsere Tochter lange nicht verziehen, dass wir ihre Zimmerpalme, die sie mit viel Liebe zu einer Größe von etwa 1,50 m hochgepäppelt hatte, an den von ihr übrigens sehr verehrten – er war jung und sah ganz gut aus - katholischen Militärpfarrer verschenkt haben, als er seinen Abschiedsbesuch bei uns machte.

Im vierten Bundesland! Heidelberg/Gaiberg - unser sechster Wohnort (1988-1990)

Trotz der deutlichen Reduzierung unseres Hausstandes im Vorfeld und geradezu rührend bemühten Packern des Marburger Umzugsunternehmens, war der Einzug in Gaiberg chaotisch. Das Haus war einfach zu klein, die Zimmer und Durchgänge zu eng, als dass vier Möbelpacker problemlos dort nebeneinander arbeiten konnten – ganz abgesehen von uns Vieren und unserem Hund Dina, die überhaupt nicht mehr wusste, wo sie bleiben sollte. So wurde nach der Aufstellung aller Möbel und dem Auspacken zumindest der Umzugskisten, die Zerbrechliches enthielten, entschieden, dass alle anderen Kartons erst später und nach und nach durch uns selbst ausgepackt werden sollten. Versicherungstechnisch ist das ein Problem, denn die Versicherungen haften nur, wenn das Umzugsunternehmen diese Arbeiten selbst vornimmt. Dennoch schafften wir es mit vereinten Kräften, noch während der Sommerferien das schlimmste Chaos zu beseitigen, und es gab dann gerade in dieser ersten noch schulfreien Zeit durchaus Augenblicke, in denen wir auf dem Gaiberger Balkon saßen und die herrliche Umgebung genossen. Damals am Anfang schien es auch, dass unserem in Stadtallendorf ständig kränkelnden Sohn die gute Gaiberger Höhenluft gut tat.

Die Kinder - Sorgen und Lösungen

Diese Zeit einer gewissen Entspannung für unsere ganze Familie war jedoch kurz. Mit dem Schulanfang nach den Sommerferien begannen für beide Kinder sofort harte Zeiten, wobei sie unterschiedlich gut damit fertig wurden.

Unsere Tochter, die nun die 9. Klasse besuchte, erlebte mit dem Wechsel innerhalb von vier Jahren das dritte Gymnasium. Mit Nordrhein-Westfalen, Hessen und Baden-Württemberg lagen diese drei Schulen in verschiedenen Bundesländern mit eigener Schulpolitik und anderen Lehrplänen und Anforderungen. Doro, deren Leistungen in der Schule bisher ohne Ausnahme mit gut bis sehr gut beurteilt worden waren, musste nun zum ersten Mal in ihrem Leben erfahren, dass ihr grundlegende Kenntnisse fehlten. So gab es zum Beispiel Fächer wie Chemie, die sie bisher überhaupt noch nicht gehabt hatte, oder aber sie musste feststellen, dass sie in Mathematik und Französisch bei weitem nicht den Wissenstand hatte wie ihre neuen Mitschüler. Die Lösung war ein halbjähriger intensiver Nachhilfeunterricht in mehreren Fächern. Immerhin: Die Kosten dafür wurden vollständig von der Bundesrepublik Deutschland übernommen, der natürlich die schulischen Probleme von Kindern aufgrund der Versetzung ihrer Väter bekannt waren. Am Ende dieses neunten Schuljahres hatten sich die Noten unserer Tochter wieder normalisiert. Sie besaß in ihrer Klasse

viele Freunde und war voll integriert, hatte einen Tanz-
kurs mit Abschlussball absolviert, einen ersten Freund
und war begeistertes Mitglied einer Jazztanzgruppe.
Und so waren wir mehr als überrascht, als sie uns
mitteilte, dass sie die in Aussicht stehenden weiteren
Schulwechsel bis zum Abitur vermeiden und wenn irgend möglich bereits nach den Sommerferien in ein Internat in Bayern wechseln wollte, das auch ich bereits
besucht hatte und das sie von meinen Erzählungen her
kannte. Sie hatte ja Recht und deshalb waren wir auch
grundsätzlich damit einverstanden. Nur eines war klar:
Die hohen Internatskosten würden wir nicht tragen
können. Aber auch daran hatte sie bereits gedacht und
die ersten Schritte eingeleitet, um ein Teilstipendium
zu erhalten, was auch gelang – mit der Konsequenz,
dass wir unsere Tochter in den nächsten vier Jahren bis
zu ihrem Abitur nur noch an bestimmten Wochenenden und in den Ferien sehen konnten.

Bei Johannes sollte sich alles wesentlich ungünsti-
ger entwickeln. Das ganze erste Schuljahr in Heidelberg wurde er von mir aus der Sorge heraus, dass er
eventuell gleich am Anfang seiner gymnasialen Laufbahn Schiffbruch erleiden könnte, intensiv bei seinen
Hausaufgaben und Test-Vorbereitungen begleitet. Tatsächlich waren seine Noten in den ersten Monaten
gut und alles schien sich bestens zu entwickeln. Auf
seinen Wunsch hin bekam er Trompetenunterricht,
wo er sehr schnell so gute Fortschritte machte, dass
die Musikschule ihn an einen bekannten Heidelberger

Trompeter vermittelte, bei dem er mit viel Erfolg Einzelunterricht erhielt; und auch das Turnen, das ihm in Stadtallendorf so viel Spaß gemacht hatte, konnte er hier zunächst in einem Profiverein weiter betreiben. Dann aber setzten der altbekannte Husten und die Atemnot wieder ein, und zwar so stark, dass er in die Uniklinik in Heidelberg eingewiesen wurde. Hier stellte man fest, dass der Junge wohl seit geraumer Zeit mitnichten unter Bronchitis sondern unter schwerem Asthma litt. Trotz intensiver Behandlung durch den leitenden Professor verschlechterte sich sein Zustand zusehends. Immer wieder hatte er schwere Anfälle und immer wieder landete er in der Uniklinik, ohne dass eine Besserung eintrat. An Trompeten und Turnen war nicht mehr zu denken. Häufig fiel für ihn auch über längere Zeit die Schule aus, so dass wir in Absprache mit seiner sehr netten und verständnisvollen Klassenlehrerin schließlich dazu übergehen mussten, dass wir regelmäßig über den Lernstoff informiert wurden und er seine Hausaufgaben zur Not auch im Krankenbett erledigte. Es existieren berührende Zeichnungen unseres damals elf Jahre alten Sohnes, die er im Krankenhaus angefertigt hat, die ihn mit all seinen Ängsten während der Behandlungen zeigen. Für uns bedeuteten diese ständig wiederkehrenden Anfälle und darauf folgenden Krankenhausaufenthalte die tägliche Präsenz im Heidelberger Krankenhaus und natürlich auch eine unglaubliche nervliche Belastung. Wir sind bis heute einem jungen Stationsarzt dankbar, der uns hinter dem Rücken seines Chefs den Rat gab, uns schleunigst um einen anderen Arzt zu bemühen. Damit wurde alles besser für unseren Sohn und uns als Eltern, die seit Monaten nicht mehr wussten, was wir noch tun sollten, um ihm zu helfen. Wir fanden einen jungen Arzt nur wenige Kilometer von Gaiberg entfernt, der sich auf Allergien bei Kindern spezialisiert hatte. Johannes wurde positiv auf Hausstaubmilben getestet und desensibilisiert; wichtiger aber war, dass der Arzt darauf bestand, einen psychologischen Test mit ihm zu machen, um herauszufinden, ob diese Allergie tatsächlich der einzige Auslöser für das Asthma war. Das Ergebnis schaffte Klarheit. Unser Sohn war offensichtlich nicht so belastbar, wie das seit dem Wegzug von Sendenhorst von ihm erwartet worden war. Sowohl die beiden kurz aufeinander folgenden Ortswechsel, der damit einhergehende Verlust seines sicheren sozialen Umfeldes, der Wechsel von der Grundschule auf das Heidelberger Gymnasium und auch die Erwartungen, die wir als Eltern ganz selbstverständlich an ihn stellten, mit allem fertig zu werden – das alles war zu viel für ihn. Die Testergebnisse wurden mit ihm besprochen, und wir haben zusammen mit dem Arzt und vor allem unserem Sohn entschieden, dass er trotz allem zunächst auf dem Gymnasium bleiben soll, dass er aber jederzeit auf die Realschule wechseln könnte, wenn er das möchte. Die Desensibilisierung gepaart mit diesen Vereinbarungen führte dazu, dass die Anfälle langsam weniger wurden. Unser Sohn hat von da an die Verantwortung für sich selbst übernommen, weil er nun wusste, woher die Krankheit kam. Und er hat es in der

Folge auch sehr gut ohne die Hilfe seiner ängstlichen Mutter geschafft, in der Schule bis zur nächsten Versetzung seines Vaters einigermaßen ungefährdet zurecht zu kommen.

Neue Berufstätigkeit

Obwohl wir eigentlich das ganze erste Jahr in Heidelberg große Sorgen um die Kinder hatten und zeitlich durch die Arztbesuche und Krankenhausaufenthalte unseres Sohnes und die vielen Fahrten nach Heidelberg und zurück sehr beansprucht waren, habe ich mich sehr bald wieder nach einer neuen Arbeitsstelle umgesehen. Zum einen wollte ich den Bedingungen des Arbeitsamtes gerecht werden und mein dank öffentlicher Gelder erlerntes Computerwissen nun auch weiter beruflich nutzen; zum andern aber war meine Berufstätigkeit wieder einmal nötig, um unser Leben im teuren Heidelberg und das Internat unserer Tochter leichter zu finanzieren. Und dieses Mal hatte ich richtig Glück, denn ich fand eine gut bezahlte Halbtagsstellung als Direktionsassistentin bei einer Firma, die weltweit mit Chemikalien handelte und nur wenige Minuten mit dem Fahrrad von uns entfernt im alten Dorf von Gaiberg ansässig war. Ein Chemiehandel – das war wieder einmal etwas völlig Neues, in das ich mich erst einarbeiten musste, was mir am Anfang aufgrund der fremden Materie und des vielschichtigen Aufgabenbereichs gar nicht so leicht fiel.

Neben den normalen Sekretariatsaufgaben wie Terminplanung, Schriftverkehr, Erstellung von Angeboten, Kundenpflege usw. musste ich zum Beispiel auch einen Messeauftritt der Firma in München vorbereiten und begleiten; auch die Betreuung von Geschäftskunden aus verschiedenen osteuropäischen Ländern, mit denen wir Joint-Ventures aufgebaut hatten und die uns in Heidelberg besuchten, gehörte dazu. Die Anforderungen waren hoch und zumindest in den ersten Monaten hatte ich manchmal Ängste, dem Ganzen nicht gewachsen zu sein. Doch irgendwann legte sich das, und ich habe mich dann einfach darüber gefreut, dass ich weitere nachweisbare Berufserfahrungen sammeln konnte.

Gesellschaftliches Leben am Nato-Hauptquartier

Die Tage in Heidelberg waren mit der Versorgung der Kinder und meiner Berufstätigkeit randvoll gefüllt. Dennoch waren wir auch in die Kreise des Deutschen Stabes im Nato-Hauptquartier fest eingebunden, nahmen an privaten und offiziellen Veranstaltungen teil und gaben selbst Einladungen in unserem kleinen Reihenhaus.

Wie damals in Brüssel spielte sich auch hier in Heidelberg das gesellschaftliche Leben am Nato-Hauptquartier nicht nur im nationalen Rahmen ab. So erinnere ich mich noch an etliche für uns sehr außergewöhnliche

Veranstaltungen in der amerikanischen Siedlung in Heidelberg wie ein „Dinner von Haus zu Haus", bei dem jeder der fünf Gänge in einem anderen Haus eines Offiziers gereicht wurde; oder aber ein heute auch bei uns bekanntes „Halloween-Fest", an dem die deutschen und amerikanischen Offiziere mit ihren Familien verkleidet und mit viel Spaß durch die Siedlung von Haustür zu Haustür zogen. Und selbstverständlich haben wir am 3. Oktober 1990 gemeinsam mit deutschen und ausländischen Offizieren und ihren Familien die deutsch-deutsche Wiedervereinigung gefeiert.

Die engsten Kontakte aber hatten wir zu einer amerikanischen Familie, die in Gaiberg uns direkt gegenüber wohnten. Sie hatten drei Kinder im Alter unseres Sohnes und jünger und waren sehr interessiert, die deutsche Kultur kennenzulernen. Wir trafen uns regelmäßig, gründeten einen Bibelkreis, tauschten die Kinder aus und unternahmen gemeinsam Fahrten in die Umgebung. Bis heute ist für beide Familien ein Weihnachtsfest unvergessen, an dem wir am 24. Dezember gemeinsam in unserem kleinen Reihenhaus deutsche Weihnacht mit Baumschlagen und -schmücken, Heringssalat und Weihnachtsspaziergang im Wald, Gottesdienst und Bescherung mit deutschen Weihnachtsliedern feierten, um dann am nächsten Tag in ihrem Zuhause die amerikanische Version kennenzulernen.

Rosige Aussichten: Brüssel ruft ein zweites Mal!

Wir waren noch nicht zwei Jahre in Heidelberg, als wir erfuhren, dass unser nächster Standort noch einmal Brüssel sein würde. Brüssel! Unsere Erinnerungen an unseren ersten Aufenthalt vor mehr als zehn Jahren waren noch immer rosarot. Was würde uns dieses Mal erwarten? Würde es wieder so schön wie beim ersten Mal sein? Unsere Familiensituation hatte sich ja inzwischen grundlegend verändert. Wir waren nun zehn Jahre älter und durch viele Erfahrungen reicher; Jost war inzwischen Oberstleutnant und die zukünftige berufliche Position dementsprechend eine andere; die Kinder mit 14 und 17 Jahren aus dem Gröbsten heraus; unsere Tochter würde weiter im Internat bleiben und bald ihr Abitur ablegen; Johannes würde die Deutsche Schule in Brüssel besuchen und, wenn alles gut ging, dann gehörten seine gesundheitlichen und schulischen Probleme der Vergangenheit an. Und nicht zu vergessen - das höhere Auslandsgehalt! Nach Jahren, in denen wir finanziell ständig am Limit gelebt hatten und meine Berufstätigkeit zur Zahlung der Raten für unser Haus in Sendenhorst und seit Heidelberg der Internatskosten für unsere Tochter unbedingt nötig gewesen war, war nun so etwas wie Erlösung in Sicht. Ich spielte sogar mit dem Gedanken, diese Brüsseler Zeit wie die meisten der anderen Offiziersfrauen einfach nur in vollen Zügen zu genießen und überhaupt keine Arbeitsstelle zu suchen bzw. anzunehmen.

Nun war es auch endlich wieder möglich, einen Zweitwagen für mich zu erstehen, auf den ich seit Sendenhorst aus finanziellen Gründen verzichtet hatte. Vielleicht gerade weil ich durch diesen Verzicht zum Teil enorme zusätzliche Belastungen auf mich genommen hatte, gehört der Abend in Heidelberg, an dem wir lange vor dem Umzug einen knallroten Fiat Panda für mich kauften, zu den Erinnerungen, die ich nicht missen möchte. Es fühlte sich wieder einmal so gut an, und es war auf der anderen Seite auch so nötig, da Jost – wie immer – bereits Wochen vor dem Umzug in Brüssel weilte und ich ohne fahrbaren Untersatz in Gaiberg nicht existieren konnte.

Stress pur vor dem Umzug

Doch bevor wir ins „gelobte" Brüssel ziehen konnten, erwartete uns sowohl in Gaiberg als auch an unserem neuen Wohnort noch eine Menge Arbeit, die es in sich hatte.

So nutzte Jost die Einarbeitungszeit in Brüssel, um für uns ein geeignetes Haus zu finden. Es sollte wie beim ersten Mal im Brüsseler Stadtteil Wezembeek-Oppem liegen, da sich dort nicht nur die Deutsche Schule befindet sondern auch die meisten Deutschen mit Kindern wohnen. Nun gibt es in Brüssel unendlich viele Häuser, die immer nur wenige Jahre durch Angehörige der Nato, der EU oder auch durch Mitarbeiter von großen

Firmen und Verbänden zu ausgesprochen stolzen Preisen gemietet werden. Dementsprechend schnell wurde er fündig, und seine Berichte am Wochenende weckten bei uns allen die schönsten Hoffnungen. Unser zukünftiges Zuhause, rund 200 qm Wohnfläche, ein Garten mit altem Baumbestand, und das alles in einer wohl wunderschönen und ruhigen Lage – oh ja, hier gab es etwas, worauf wir uns nach der anstrengenden und räumlich und finanziell beengten Zeit in Heidelberg wirklich freuen konnten.

Zunächst aber galt es noch, den Hausstand in Gaiberg aufzulösen und das Haus so an den Vermieter zu übergeben, dass wir ohne Probleme unsere Kaution zurück erhielten. Um überhaupt als Mieter in Frage zu kommen, waren wir gezwungen gewesen, einen Mietvertrag zu unterschreiben mit der Klausel, dass die Wohnung beim Auszug nicht nur besenrein, sondern frisch gestrichen und mit makellosem beigen Schlingenteppichboden, mit dem jeder Zentimeter des Hauses ausgelegt war, zu übergeben sei. Keine leichte Aufgabe mit halbwüchsigen Kindern, ihren Freunden und einem Jagdhund.

Da die Malerarbeiten und die Teppichreinigung erst in einem leeren Haus möglich sind, musste das Umzugsunternehmen unseren gesamten Hausrat zunächst einmal für zwei Tage zwischenlagern. In dieser kurzen Zeit haben wir uns notgedrungen in Windeseile und mit tatkräftiger Unterstützung unserer amerikanischen

Freunde und unseres inzwischen 14-jährigen Sohnes daran gemacht, das nun leere Reihenhaus von oben bis unten in den Bestzustand zu versetzen. Die Erleichterung war groß, als wir die Inspektion durch den äußerst pingeligen Vermieter ohne Beanstandung hinter uns gebracht hatten und der Rückzahlung der Kautionssumme nichts mehr im Wege stand.

Als Johannes und ich uns mit dem neuen Panda auf den Weg nach Brüssel machten, geschah etwas, was uns noch in keinem der vorherigen Wohnorte passiert war. Wir fuhren ab, ohne uns auch nur ein einziges Mal umzusehen! Wir beide waren einfach nur froh, dieser so belasteten Heidelberger Zeit endlich den Rücken kehren zu können.

Das zweite Mal nach Belgien!
Brüssel - unser siebter Wohnort (1990-1994)

Über die Höhen und Tiefen in den ersten Brüsseler Tagen existiert der folgende Bericht, den ich wenige Wochen nach dem Umzug verfasst habe:

„Ich sitze an meinem Sekretär im neuen Arbeitszimmer, mit freiem Blick ins satte Grün des Gartens. Noch kann ich es kaum glauben, dass wir wieder hier in Brüssel und in diesem großen Haus wohnen. Vor vierzehn Tagen waren wir noch in Gaiberg. Das kleine Reihenhaus und alles, was sonst noch damit zusammenhing, ist bereits so fern von uns. Seit unserem Abschied von Gaiberg haben wir nur noch nach vorne gesehen. Dabei stellten sich auch die ersten Tage hier als reichlich holprig heraus.

Die Abschiedsfeiern in Heidelberg und die Umzugsvorbereitungen, das Ausräumen des Hauses und die Zwischenübernachtung im Hotel in Leimen, die Malerarbeiten oder besser Komplettrenovierung im Eiltempo und die anschließende Autofahrt nach Brüssel – das alles hatte zumindest meine Nerven arg strapaziert. Beim Einzug in das neue Haus, das ich ja bis dahin noch gar nicht kannte, gab es weitere Probleme. So war die Sackgasse zu unserem Haus so eng, dass nur immer einer der zwei (!) Möbelwagen mit Hänger (wie jeder normale Haushalt hatte auch unserer in den Jahren und insbesondere auch mit dem Heranwachsen der Kinder an Umfang zugenommen) rückwärts hineingeschoben und ausgeladen werden konnte, während der andere und unsere Privatwagen rund 150 Meter vom Haus entfernt abgestellt wurden. So wurde jede Fahrt zur Besorgung irgendwelcher gerade benötigten Materialien oder auch Lebensmittel für die vielen hungrigen Mäuler (immerhin mussten wir im neuen, noch nicht eingeräumten Haus zusätzlich fünf ausgewachsene Möbelpacker mit Getränken und Essen versorgen) ein richtiger Akt, der viel Zeit und Nerven kostete.

Überhaupt nicht erwartet hatten wir auch den relativ schlechten Zustand unseres neuen Zuhauses. So fanden wir in den Wohnbereichen uralte, abgetretene und teilweise auch befleckte Teppichbeläge vor, die man nur durch das Darüberlegen von anderen Teppichen kaschieren konnte; der technische Stand der Sanitäreinrichtungen in den drei Badezimmer ist der hohen Miete nicht angemessen und es gibt im ganzen Haus trotz weitgehend bodentiefer Verglasung keine Rollläden – etwas, woran man sich in Brüssel, wo Einbrüche an der Tagesordnung sind, erst einmal gewöhnen muss. Aber die Lage des Hauses, zentral, mitten im Grünen und umgeben von wunderschönen Villen und altem Baumbestand ist einfach traumhaft, und die Inneneinteilung geradezu perfekt. Ähnlich wie bei unserem Sendenhorster Bungalow haben wir ein ca. 60 qm großes Wohnesszimmer mit offenem Kamin und zur Terrasse und zum Garten hin voll verglast, so dass das Grün von außen in den Raum mit hineinwirkt; die über 20 qm große quadratische Einbauküche ist prima durchdacht, und sie hat zu meiner großen Freude einen halbhohen

Einbauherd mit Mikrowelle und reichlich Stauraum; im Obergeschoss gibt es drei geräumige und helle Wohn-Schlafräume mit Einbauschränken und zwei Badezimmer, im Erdgeschoss ein zusätzliches Bad und rechts und links davon je ein Zimmer, das eine für Doro und das andere mein Refugium, in dem ich gerade sitze. Ich liebe schon jetzt diesen separaten Wohntrakt, den wir natürlich auch für unsere Gäste nutzen werden, die so ihr eigenes Reich haben – und das weit von unseren Schlafzimmern entfernt, was ich wunderbar finde.

Zurück zum Einzug, der sich wie Kaugummi in die Länge zog. Als wir uns nach weiteren drei Tagen endlich von unseren Möbelpackern verabschiedet hatten, waren Jost, Johannes und ich (Doro kommt erst nächste Woche aus dem Internat, um hier die Sommerferien zu verbringen) physisch und psychisch regelrecht erschöpft. Die Luft war einfach raus und wir hatten keine Lust mehr, am Haus weiter zu arbeiten. Eine zweitägige Ruhepause wurde eingelegt, und wir haben endlich einmal wieder ausgeschlafen, sind rund um den Grand Place bummeln gegangen, haben den uns beim ersten Mal Brüssel so liebgewonnenen Flohmarkt besucht (und es genossen, auch wenn wir leider feststellen mussten, dass das Angebot inzwischen sehr minderwertig geworden ist), mit viel Vergnügen die Einkaufsmöglichkeiten und das Lebens-mittelangebot in der Nähe erkundet (Toll! Meeresfrüchte, französische Spezialitäten, frische Blumen in Riesenpaketen zu wirklich erschwinglichen Preisen!) und wir sind in Restaurants essen gegangen, die wir von früher kannten, und noch immer finden wir die belgische Küche einfach himmlisch!

Aber etwas haben wir in diesen Ruhetagen doch im Haus getan: Wir haben an einem Abend unsere Bilder aufgehängt, ein Ereignis bei jedem Umzug, das für uns als Familie schon immer eine besondere Bedeutung hatte. Ein Haus wird für uns nämlich erst dann zu unserem Zuhause, wenn nicht nur unsere Möbel einen passenden Ort im neuen Heim gefunden haben, sondern auch unsere Bilder an den Wänden hängen. Ein Außenstehender, der nie oder selten umgezogen ist, kann das, glaube ich, gar nicht nachvollziehen. „Unsere Möbel und Bilder" – damit meine ich natürlich nicht jeden Ikea-Schreibtisch oder irgendwelche Nutzgegenstände, die eine Zeit lang halten und dann entsorgt werden. Vielmehr geht es hier um Stücke, die uns aus unterschiedlichen Gründen besonders viel bedeuten und die uns Jahrzehnte lang und möglicherweise lebenslang begleiten. Viele von ihnen, wie zum Beispiel ein großer antiker Ohrensessel, den meine Großmutter uns zur Hochzeit geschenkt hatte, weil sie ihn aufgrund seines beachtlichen Gewichts nicht mehr verrücken konnte, stammen noch aus den Anfängen unserer Ehe; andere, wie ein alter Tölzer Bauernschrank, sind Erbstücke, an denen liebe Erinnerungen an die Eltern, Großeltern oder andere Vorfahren hängen; und natürlich gibt es Etliches, was wir im Laufe der Jahre unter den unterschiedlichsten Bedingungen selbst erstanden oder geschenkt bekommen haben. Dazu gehören zum Beispiel ein großformatiges Schlachtenbild, auf dem ein Vorfahre zu sehen ist, ein kleines Ölgemälde, in das wir uns bei einem Garagenverkauf in Brüssel verliebt hatten, und ein alter Sakristeischrank aus einem aufgelösten belgischen Kloster, den wir als junge Leute unrestauriert auf dem Brüsseler Antiquitätenmarkt erstanden hatten und den Jost unter Anleitung eines alten russischen Restaurators über Wochen selbst aufgearbeitet und als Geschirrschrank ausgebaut hat. Allen diesen Möbeln und Bildern ist also eines gemeinsam: Mit ihnen sind wertvolle Erinnerungen verbunden, die Teil unserer Familiengeschichte sind. Und deshalb sind sie es, die ein neues Haus für uns erst zu einem Zuhause werden lassen."

Schon wenige Tage nach dem Einzug suchte uns unsere neue Vermieterin auf, eine äußerst kultivierte alte Dame, die gemeinsam mit ihrem Haushälterehepaar in einem repräsentativen Villengrundstück oberhalb von unserem Garten lebte. Auch einer ihrer Söhne (er war Pilot bei einer belgischen Airline, ca. 50 und ledig) wohnte im Haus neben uns. Wenn man so will, waren wir umzingelt von dieser Vermieterfamilie, und wir haben uns damals schon gefragt, wie sich das wohl entwickeln würde. Tatsächlich aber hatte dieser Umstand nur positive Folgen, denn diese belgische Familie war international vernetzt und dementsprechend offen und interessiert an anderen Kulturen und Sprachen. Und so wurden wir nicht nur mehrmals zu Einladungen in die Villa gebeten; unsere Vermieterin bot mir auch sehr bald an, mich dabei zu unterstützen, mein Französisch zu verbessern. So trafen wir uns einmal pro Woche zum französischen „Konversationskurs", in dem wir Zeitschriftenartikel besprachen und uns näher kennenlernten.

Familienleben „light" in Brüssel

Umgezogen waren wir am Anfang der Heidelberger Sommerferien, und da alle deutschen Auslandsschulen dem Schulministerium NRW unterstellt sind, lagen nun mehrere freie Wochen vor uns, in denen wir vier (auch Doro war inzwischen aus Bayern zu uns gestoßen) Haus und Garten genossen und mit großer Begeisterung unser neues Umfeld erkundeten. Unvergessen sind die ersten Tagestouren mit den Kindern nach Brügge, Gent und an die belgische Küste, die wir später mit Freunden und Besuchern noch etliche Male wiederholen sollten. Herrlich waren die gemeinsamen Joggingtouren im weitläufigen Park von Tervuren (ein sehr schöner Brüsseler Stadtteil, der direkt an Wezembeek-Oppem angrenzte), bei denen unser Hund Dina in der Sorge, dass jemand verloren gehen könnte, ständig zwischen mir als dem langsameren Teil und dem schnelleren Rest, sprich Vater und Kinder, hin und her sprintete. Am Sonntagvormittag stand meist der quirlige „Arabermarkt" am Gare du Midi auf dem Programm, wo wir taufrisches Obst und Gemüse kauften, um anschließend den nahen Flohmarkt zu besuchen, der für uns alle noch immer ein Anziehungspunkt war.

In diese Anfangszeit fiel auch die Entdeckung zweier Orte, die für uns zu wahren Lieblingsorten wurden: Das Brüsseler Cinema, ein Kino, ähnlich den Großkinos, die wir heute auch in vielen deutschen Orten kennen, das aber zu der damaligen Zeit einmalig war. Gelegen auf dem Messegelände in direkter Nähe des berühmten Atomiums war es hineingebaut in eine ehemalige Hochgarage. Es verfügte über 23 zum Teil riesige Vorführräume mit Großleinwänden, sehr komfortablen Sitzen und hochwertiger Gastronomie rundherum. Hier wurde jeden Tag in mehreren Sprachen eine Vielzahl von Filmen parallel zueinander gezeigt. Bei dem zweiten Lieblingsort, dem sog. Mexican Grill im Stadtteil Waterloo, handelte es sich um ein urgemütliches, gehobenes Selbstbedienungsrestaurant in einer ehemaligen Scheune, in dem zu einem vernünftigen Festpreis mehrere „Highlights" begeisterten: Im Zentrum eine Theke mit unterschiedlichstem rohen Fleisch und diversen Zutaten, die man selbst auf Eisenspießen zusammenstellen und auf einem mehrere Meter langen offenen Grill garen konnte; daneben eine Rundtheke mit herrlichen Salaten und kostbarsten Meeresfrüchten in Hülle und Fülle, und an den Seiten ein voluminöses Nachtischbuffet und eine Theke mit zahlreichen Zapfhähnen, wo jeder nach Lust und Laune sein Glas mit Wein, Bier oder nichtalkoholischen Getränken füllen konnte. Selbst als wir schon lange nicht mehr

Brüssel - unser siebter Wohnort (1990-1994)

in Brüssel wohnten, haben wir etliche Jahre mit den Kindern regelmäßig eine „Brüssel- Gedächtnis-Tour" unternommen und alles, was uns lieb und teuer war, besucht. Das Cinema und der Mexican Grill waren immer dabei.

Die Entwicklung der Kinder

Am Ende der Sommerferien fuhr unsere Tochter wieder nach Reichersbeuern, das für sie wie ein zweites Zuhause geworden war. Sie hat ihre Entscheidung, nach der 9. Klasse auf ein Internat zu wechseln, um weiteren Schulwechseln vor dem Abitur aus dem Weg zu gehen, nie bereut. Für uns bedeutete das zwar, dass wir sie nur alle vier Wochen am Wochenende und in den Ferien „geniessen" konnten; allerdings handelte es sich um die Zeit ihrer Pubertät, und so wurden ihr und uns nervenaufreibende Kontroversen, mit denen sich Eltern in der Regel herumschlagen und die häufig zu Verletzungen auf beiden Seiten führen, weitgehend erspart, was sich auf unsere Familiengemeinschaft bis heute positiv ausgewirkt hat. Statt uns dauernd zu sehen wurden in diesen Jahren viele Briefe hin und her geschrieben und – da teuer! – nur selten telefoniert. Allerdings sind wir oder ich alleine häufig nach Reicherbeuern gefahren, um nach dem Rechten zu sehen, Doros Freunde und auch ihren ersten festen und weitere feste Freunde kennenzulernen, an Internatsveranstaltungen teilzunehmen und an den Elternsprechtagen zu erfahren, wie sie sich so machte. Als sie 1992 ihr bayrisches Abitur bestanden hatte, entschloss sie sich, in die Einliegerwohnung in unserem Sendenhorster Haus zu ziehen und in Münster Jura zu studieren. Unsere Tochter war es also, die als erste wieder den Fuß in den Ort setzte, den wir als Wahlheimat für unsere Familie ausgewählt hatten, und für dessen Erhalt unsere ganze Familie große Opfer auf sich genommen hat.

Für Johannes begann mit dem neuen Schuljahr einmal wieder im wahrsten Sinne des Wortes der Ernst des Lebens, dieses Mal also an der Deutschen Schule in Brüssel. Ganz anders als an den meisten anderen Auslandsschulen war die Klasse relativ groß, und es gab unter seinen neuen Mitschülern nur einen, dessen Vater auch Offizier war und der ähnliche Versetzungserfahrungen durchlebt hatte. Die anderen stammten aus Familien, deren Väter meist über einen langen Zeitraum hinweg bei der EU oder irgendwelchen Firmen und Verbänden beschäftigt waren. Das Hineinwachsen in die neue Klasse war deshalb auch hier nicht ganz einfach für unseren Sohn. Dabei mag mitgespielt haben, dass er bei weitem der körperlich kleinste war und aufgrund seiner früheren Erfahrungen nicht offensiv selbst Kontakt zu seinen Mitschülern suchte. Dennoch verlief das erste Jahr schulisch und gesundheitlich ohne größere Probleme. Auch wenn die beiden Offizierssöhne sehr unterschiedlich waren, taten sie sich in ihrer Freizeit zusammen, und wir fanden wieder einen guten Trompetenlehrer. In diese erste Zeit fiel auch die Konfirmation von Johannes in der kleinen Deutschen Kirche im Brüsseler Stadtteil Woluwe St Pierre, in der er vierzehn Jahre vorher getauft worden war.

Dann starb Dina, unser treue Jagdhündin, unter schlimmen Umständen. Einer der großen Nachbarhunde hatte sie auf unserem Grundstück überfallen und innerlich schwer verletzt. Während der Operation beim Tierarzt aber kam zu Tage, dass sie wohl schon lange unter Krebs litt und starke Schmerzen gehabt haben musste, und so wurde sie noch während der Operation eingeschläfert. Die Erkenntnis, dass wir ihre Schmerzen nicht wahrgenommen hatten, war ein Schock für uns alle. Mit sechs Monaten war sie in Sendenhorst zu uns gekommen und sie war, obwohl Jost sie selbst ausgebildet hatte, von Anfang an zuallererst der Hund unseres Sohnes, der damals gerade einmal drei Jahre alt war und den sie auf Schritt und Tritt treu behütet hat. Sie, die wir immer als vollwertiges Familienmitglied empfunden haben, hat mit uns in ihren dreizehn Lebensjahren vier verschiedene Wohnorte und die damit verbundenen Höhen und Tiefen miterlebt. Ihr Tod war für uns alle schrecklich, aber vor allem Johannes konnte nur schwer mit diesem Verlust fertig werden.

Dazu kam, dass sich auch seine schulischen Leistungen wieder verschlechterten, und so haben wir schweren Herzens im Familienrat gemeinsam entschieden, dass auch er nach Doros Abitur zu Beginn der 9. Klasse auf das bayrische Internat wechseln sollte, in der Hoffnung, dass dort endlich einmal Ruhe in sein Leben einkehren würde.

Alltags- und gesellschaftliches Leben ganz entspannt

Ich selbst erinnere die ersten Monate in Brüssel als eine wunderbare Zeit. Johannes war weitgehend flügge und froh, wenn er nicht dauernd von seiner Mutter betreut wurde, und ich war nach vielen Jahren das erste Mal durch keine Berufstätigkeit in Beschlag genommen. Damals habe ich nicht nur mit Freude an vielen Treffen und Einladungen der diversen Damenkreise am Nato-Hauptquartier teilgenommen, die sich auch an der Vorbereitung und Durchführung von karitativen Veranstaltungen beteiligten; ich habe auch die meisten Museen und etliche Kunst- und Messeausstellungen in Brüssel besucht, systematisch die verschiedenen Stadtteile erkundet, ausgefallene Märkte und Einkaufsmöglichkeiten aufgetan und joggend so ziemlich alle Brüsseler Parks kennengelernt. Es waren herrlich ungebundene Monate, in denen ich endlich einmal ohne Zeitdruck das tun konnte, was ich wollte ,und in denen ganz nebenbei mein Interesse an historischen und kunsthistorischen Zusammenhängen geweckt wurde – die Grundlage für mein späteres Studium.

Wie aber sah unser gemeinsames sonstiges Leben in Brüssel aus? Es entwickelte sich nun, da wir einer anderen Altersgruppe angehörten und wesentlich freier über unsere Zeit verfügen konnten, sehr viel vielschichtiger als bei unserem ersten Aufenthalt in Brüssel.

Die Existenz eines separaten „Gästetraktes" in unserem Haus führte rasch dazu, dass wir im Laufe der dreieinhalb Jahre zu einem beliebten Anlaufpunkt für alle möglichen Verwandten, Freunde und Bekannten wurden, die diesen günstigen Umstand nutzen wollten, um Brüssel kennenzulernen. Darunter waren viele, die wir an unseren diversen Standorten kennengelernt hatten und notgedrungen zurücklassen mussten. So haben wir u.a. für den zivilen Freundeskreis unseres früheren Stadtallendorfer Bataillons für mehrere Tage ein Programm in und rund um Brüssel organisiert; wir bekamen Besuch aus Sendenhorst und von den seit Heidelberger Zeiten befreundeten amerikanischen Familien; und auch diverse Schulfreunde unserer Kinder fielen in den Ferien bei uns ein. Das große Haus war voller Leben, und da die vorhandenen Unterbringungsmöglichkeiten so günstig waren, waren die vielen Besuche auch für uns überhaupt nicht belastend; vielmehr haben wir sie als eine echte Bereicherung empfunden und als Möglichkeit, mit guten Freunden wieder enger Kontakt aufzunehmen.

Parallel dazu waren wir, ähnlich wie bei unserem ersten Brüsselaufenthalt, in das gesellschaftliche Leben am Nato-Hauptquartier eingebunden. Insbesondere die deutschen Offiziere und ihre Frauen pflegten untereinander regen Kontakt; es gab einen gut besuchten und sehr netten Kreis von Damen, die hier im Ausland im Grunde alle nicht berufstätig waren; man lud sich zu den unterschiedlichsten Anlässen gegenseitig ein, und natürlich traf man sich regelmäßig bei offiziellen nationalen und internationalen Veranstaltungen.

Aber es gab auch ganz anders ausgerichtete Kreise, in denen wir nun verkehrten. In Heidelberg war Jost in den Johanniterorden aufgenommen worden, und so wurden wir automatisch Teil der Brüsseler Johanniter-Subkommende, in der weniger Militärs als Mitarbeiter von internationalen Verbänden und Wirtschaftsunternehmen vertreten waren. Hier stand nicht vorrangig das fröhliche Beisammensein im Vordergrund; vielmehr führten wir im Sinne des Johannitergeistes unterschiedliche Aktivitäten durch, die Kranken und Schwachen bzw. Alten zugute kamen. Bewundernswert war es, dass sich auch die „Ritter" selbst, die fast alle beruflich stark eingebunden waren und teilweise ausgesprochen verantwortungsvolle Positionen innehatten, aktiv in die karitative Arbeit einbrachten und das nicht nur ihren Ehefrauen überließen. Neben regelmäßigen Besuchen in einem Brüsseler Altersheim (aufgrund von Sprachschwierigkeiten eine echte Herausforderung!) gab es zwei absolute Höhepunkte unserer Arbeit: Der alljährliche Stand auf dem Brüsseler Weihnachtsmarkt und ein karitativer Basar in der Residenz des damaligen Nato-Botschafters, der selbst Johanniter war und zu unserem Kreis gehörte. Auf dem besagten Weihnachtsmarkt verkauften wir in einer Holzhütte hochwertige Dekoartikel, traditionelle deutsche Backwaren und den sehr speziellen „Johanniterpunsch" – alles Dinge, die wir in wochenlanger Arbeit selbst hergestellt hatten. Unser Stand war sehr begehrt und jedes Jahr als erster ausverkauft, wobei der Gewinn einem sozialen Zweck zugeführt wurde. Bei dem Basar, der ein großer Erfolg wurde, waren die geladenen Gäste erlesen und das Angebot tatsächlich außergewöhnlich, da einige der Johanniter im Vorfeld einige im Westen noch wenig bekannte Handwerksbetriebe in den neuen Bundesländer zur Teilnahme überredet hatten.

Eine neue berufliche Tätigkeit mit Perspektive

Eine andere Wende nahm unser Leben, als mir nach etwa einem halben Jahr in Brüssel bei einem Frisörbesuch ein deutschsprachiges Stadtteilmagazin in die Hände fiel und damit ein Inserat einer großen Hamburger Sozietät, die für ihre Brüsseler Dependance eine deutschsprachige Büroleiterin mit Fremdsprachenkenntnissen suchte. Oh je... wie sehr hatte ich die vergangenen Monate ohne Berufstätigkeit und Zeitdruck genossen! Aber diese für mich völlig neue Aufgabe reizte mich so, dass ich alle dagegen sprechenden Argumente beiseite schob und mich – erfolgreich – bewarb. Ich war nun also wieder berufstätig und wieder einmal war alles neu für mich: das strukturierte und penible Arbeiten in einer Anwaltssozietät, die so wichtige Terminüberwachung und das fehlerfreie Schreiben von ellenlangen diktierten Schriftsätzen, das komplizierte und doch interessante EU-Recht und die anspruchsvolle Klientel, zu der vorrangig die verschiedenen Abteilungen der EUKommission und viele international bekannte Wirtschaftsunternehmen zählten. Die Arbeit in dieser Sozietät machte auch deshalb sehr viel Spaß, weil sich Anwälte und Sekretärinnen als Team verstanden und auch außerhalb des Dienstes unter Einbeziehung der Ehepartner freundschaftliche Kontakte pflegten und alle möglichen Dinge miteinander unternahmen. Mit der Tätigkeit in dieser Anwaltssozietät entdeckte ich meine Vorliebe und vielleicht auch eine gewisse Begabung für strukturiertes Arbeiten und die systematische Behandlung von teilweise sehr schwierigen Fragestellungen und Sachverhalten, und so entstand langsam aber sicher die Idee, nach der nächsten Versetzung ein Studium zu beginnen – etwas, was ich mir schon seit einiger Zeit gewünscht hatte, was jedoch aufgrund der vielen, in kurzen Abständen aufeinander folgenden Ortswechsel und natürlich auch unserer begrenzten Finanzen nie möglich gewesen war. Dieser Wunsch wurde Wirklichkeit, und ich wurde dabei von meinem Mann ohne Wenn und Aber unterstützt. Als Jost zum 1. April 1994 ins Verteidigungsministerium nach Bonn versetzt wurde und abzusehen war, dass er dort nur für eine begrenzte Zeit tätig sein würde, haben wir gemeinsam entschieden,

dass er in Bonn eine kleine möblierte Wohnung nehmen sollte, ich aber in unser Haus nach Sendenhorst
ziehen würde, um in Münster ein Studium der Kunstgeschichte, Neueren Geschichte und Europäischen
Ethnologie aufzunehmen.

Die letzten Jahre bis zur Pensionierung (1994-1999)

Sendenhorst/Bonn - (1994-1996)

Wie sehr hatten wir uns auf die Rückkehr in unser eigenes Haus gefreut! Doch der Tag des Einzugs war eher frustrierend und alles andere als eine reine Freude. In den neun Jahren unserer Abwesenheit waren die Schrebergärten, die unser Haus früher umgaben, mit Einfamilienhäusern bebaut worden, so dass wir nun am Rande eines Baugebietes lagen. Wir hatten jetzt auf einmal Nachbarn, die die Verengung unserer Straße durch unsere Möbelwagen argwöhnisch beobachteten und schließlich verlangten, dass immer nur ein Wagen in der Straße stehen und ausgepackt werden sollte.

Welch ein Empfang in der „Heimat"! Hatten wir alles falsch gemacht? Unsere Stimmung war gleich am Anfang auf dem Tiefpunkt, und sie wurde auch nicht besser, als wir feststellten, dass das Haus inzwischen viel zu klein für unseren gewachsenen Haushalt war. Schuld daran waren die schrägen Wände im Obergeschoss und die wenigen Möglichkeiten, Schränke aufzustellen – Dinge, an die wir in unserer Euphorie, wieder nach Hause zu kommen, überhaupt nicht gedacht hatten. Viele Umzugskisten konnten deshalb zunächst nicht ausgepackt werden, und etliches wurde provisorisch im Garten deponiert. Aber immerhin war das möglich, denn die Sonne strahlte vom blauen Himmel, und der Garten ersetzte vorerst problemlos das vollgepackte

Wohnzimmer, in dem man sich kaum bewegen konnte. Und als dann die ersten der alten Freunde am Abend vorbeikamen, um mit uns auf der Terrasse auf unsere Rückkehr anzustoßen, da wuchs die Zuversicht, dass wir für alles eine Lösung finden würden. Tatsächlich fand all unser Hab und Gut mit dem Einbau von Wandschränken und einer neuen Küche erstaunlich schnell einen angemessenen Platz und auch das Verhältnis zu den Nachbarn besserte sich zusehends, sobald bei uns eine gewisse Normalität in unserem Leben erkennbar wurde und wir uns bei allen persönlich vorgestellt hatten.

Unser neues Leben in Sendenhorst hatte indes wenig mit einem normalen Familienleben zu tun und zumindest für die nächsten zwei Jahre so gut wie gar nichts mehr mit der Bundeswehr. Johannes, der sich im Internat bei weitem nicht so wohl fühlte wie seine Schwester und gerade die 10. Klasse erfolgreich abgeschlossen hatte, entschloss sich, mit mir zurück nach Sendenhorst zu gehen und fortan in Ahlen ein Gymnasium zu besuchen. Doro dagegen hatte sich mit unserem Einzug entschieden, auszuziehen und gemeinsam mit einer Freundin eine Wohnung in Münster zu mieten, um den Studienfreunden und -freuden näher zu sein. Unser Familienvater fand in Bonn eine kleine möblierte Wohnung im Souterrain eines Einfamilienhauses nicht weit vom Ministerium entfernt, wo er von Montag bis Freitag wohnte, um am Wochenende nach Sendenhorst zu kommen. Während der

Woche hatte ich also genügend Zeit, mich auf mein Studium zu konzentrieren. Ich war damals 44 Jahre alt und ich wollte so schnell wie möglich das Magisterstudium absolvieren, um noch eine Chance zu haben, meine neu erworbenen Kenntnisse auch beruflich zu nutzen und damit Geld zu verdienen. Und so habe ich in dieser Bonner Zeit an keiner offiziellen dienstlichen Veranstaltung teilgenommen, und Jost war jetzt, da die Pensionierung schon in Sichtweite lag, damit einverstanden, dass ich nach all den Jahren, in denen meine persönlichen Wünsche zugunsten der Bundeswehr hatten zurückstehen müssen, nun ganz selbstsüchtig mein eigenes Ziel verfolgte.

Unser früheres Leben innerhalb der Sendenhorster Gesellschaft aber haben wir zunächst nicht mehr in derselben Intensität aufgenommen. Jost war noch nicht pensioniert, und da zumindest noch eine weitere Verwendung zu erwarten war, wollten wir uns noch ein wenig das Gefühl bewahren, noch nicht 100 %ig und für immer an einem einzigen Ort zu leben. Aber um ehrlich zu sein, es gab noch einen anderen wichtigeren Grund. Wir spürten, dass uns in den Jahren unserer Abwesenheit die damit verbundenen Ortswechsel, privaten und beruflichen Herausforderungen und Erfahrungen verändert hatten, dass wir anders dachten und agierten als viele der Sendenhorster Bekannten, die in dieser Zeit zwar wie wir älter geworden waren, aber doch ihr gewohntes, stetiges Leben weiter geführt hatten. So haben wir auf eine große Einstandsparty nach dem Umzug verzichtet und langsam und Schritt für Schritt einen kleineren Freundeskreis aufgebaut, zu dem sowohl frühere als auch neue Bekannte gehören. Zwei Jahre später – vier Studiensemester und die erste Zwischenprüfung lagen hinter mir – erhielt Jost die Nachricht, dass er nun doch keine weitere Beförderung mehr erwarten könnte; natürlich war das für ihn eine große Enttäuschung. Gleichzeitig aber gab es ein ansehnliches Trostpflaster: die Versetzung in die Niederlande ins grenznahe Nato-Hauptquartier in Brunssum. Noch einmal eine Auslandsverwendung und dazu noch in Brunssum, das nur rund eineinhalb Stunden Fahrt von Sendenhorst entfernt lag! Was konnte uns Besseres passieren? Die Freude war auch bei mir riesengroß, weil ich nun sicher sein durfte, dass ich mein Studium ohne Probleme und ohne größere familiäre Trennungen abschließen konnte.

Sendenhorst/Brunssum (NL) - (1996-1999)

Wie aber sollte nun unser künftiges Leben in Sendenhorst und Brunssum aussehen? Von Brüssel aus hatten wir die Niederlande einige Male besucht, um uns etwa Amsterdam anzusehen oder nach Knogge an die See zu fahren. Jetzt aber hatten wir die Gelegenheit, dieses Land als Einwohner näher kennenzulernen und das reizte uns alle sehr. Und so mieteten wir in Brunssum eine großzügige und modern ausgestattete Dreizimmerwohnung im obersten Geschoss eines fünfstöckigen Neubaus mit kleiner Dachterrasse, von der man einen herrlichen Blick über die Stadt hatte und die ausreichend Platz bot, um zumindest zeitweise unsere ganze vierköpfige Familie aufzunehmen. Die Möblierung stellte kein Problem dar, da wir etliche Möbel, die wir in Sendenhorst nicht aufstellen konnten, vorsorglich in der Garage eingelagert hatten.

Was Johannes anging, so hatte er gerade die 11. Klasse im Ahlener Gymnasium erfolgreich hinter sich gebracht, wobei unsere Erwartung, dass der Wechsel aus dem bayrischen Internat auf die Schule in Nordrhein - Westfalen keine größeren Schwierigkeiten bereiten würde, nicht wirklich erfüllt worden war. Der bayrische Lehrplan stimmte überhaupt nicht mit dem in Ahlen überein, so dass auch dieses eine Jahr in Ahlen für unseren Sohn eine einzige Aufholjagd gewesen war. Nun aber bot sich für ihn die Chance, auf die Internationale Schule in Brunssum zu wechseln, die über einen kleinen, aber feinen deutschen Zweig verfügte und in der man nach baden-württembergischen Curriculum das Abitur ablegen konnte. Aber war es denn sinnvoll, ihn zwei Jahre vor dem Abitur noch ein weiteres Mal umzuschulen, was zusätzlich bedeutete, dass der 19-jährige während der Woche zur Abwechslung einmal allein mit seinem 54- jährigen und durchaus konservativen Vater eine Wohngemeinschaft bilden müsste? Doch genau so wurde es entschieden, und dieser Entschluss erwies sich in vielerlei Hinsicht als ein Erfolgsrezept!

Die Klasse, in die Johannes nach dem Umzug aufgenommen wurde, war mit acht Schülern sehr klein und die Betreuung durch die ausgesprochen motivierten Lehrer hervorragend. Diese zwei Brunssumer Schuljahre waren die einzigen in der langen Schul-Odyssee unseres Sohnes, in denen er mit Freude in den Unterricht ging und sogar einen gewissen Ehrgeiz entwickelte, der sich erfreulicherweise sehr schnell in besseren Noten niederschlug. Zudem erwies sich das ungewohnte Zusammenleben von Vater und Sohn als problemlos und für beide als ein wertvoller Gewinn. Aufgrund der häufigen Abwesenheiten des Vaters waren bisher die meisten Dinge stets über mich als Mutter geregelt worden. Nun kauften Vater und Sohn gemeinsam ein, sie kochten und machten sauber, kurz: Sie führten den Haushalt, den sie auch mir gegenüber gerne als ihren eigenen herausstrichen, in dem kein anderer ein Mitspracherecht hatte – mit der Folge, dass sie sich endlich näher kennen und schätzen lernten.

Die Brunssumer Zeit und das damit verbundene Leben an zwei verschiedenen Orten war für uns alle abwechslungsreich und spannend. Ich habe damals für diese Jahre, die ja die letzten vor der Pensionierung waren, sehr bewusst Dankbarkeit empfunden. Das Leben ohne weitere Ortswechsel, das wir später unweigerlich in unserem Haus in Sendenhorst verbringen würden, konnte und sollte noch warten. Wir fühlten damals überdeutlich, wie sehr wir inzwischen geprägt waren durch die vielen kurz aufeinander folgenden

Ortswechsel. Das Dasein ohne Stillstand innerhalb und mit der Bundeswehr hatte uns ständig mit neuen Lebensbedingungen konfrontiert und war nach und nach zu einem Teil von uns geworden.

In dieser Brunssumer Zeit standen uns also zwei voll ausgestattete Wohnorte zur Verfügung, zwischen denen wir ganz nach Belieben hin- und her wechseln konnten. Und da sich in den letzten Jahren vor der Pensionierung auch der berufliche Druck in Grenzen hielt, unser Sohn seinen Weg gefunden hatte und mein Studium inzwischen so weit gereift war, dass ich vorlesungsfrei war und die Erarbeitung der Magisterarbeit in Angriff konnte, waren wir an den Wochenenden frei, entweder in Sendenhorst gemeinsam auszuspannen, in Brunssum die Dachterrasse und das ganz normale Wochenendleben zu genießen oder auch Fahrten in die niederländische Umgebung zu unternehmen. Die obere Etage des Mehrfamilienhauses in Brunssum teilten wir mit einem ehemaligen niederländischen Schiffsoffizier und seiner Frau. Er hatte auf Containerschiffen die Welt bereist und freute sich nun über jedes Gespräch, das er mit seinen neuen deutschen Nachbarn führen konnte. Im Übrigen waren auch alle anderen Mitbewohner Niederländer, und so war es für uns sehr aufschlussreich zu sehen, wie höflich und rücksichtsvoll diese niederländische Hausgemeinschaft miteinander umging.

Spannend für uns alle war das Jahr 1998. Johannes beendete seine schulische „Laufbahn" mit einem Abiturzeugnis, das sogar besser war als das unserer stets so problemlosen Tochter. Auch wenn wir nun alle erleichtert sagen konnten „Ende gut, alles gut", dann stimmte das nur zum Teil. Die vielen Orts- und Schulwechsel und die daraus resultierende schwere Krankheit in Heidelberg waren für unseren Sohn traumatische Erfahrungen, die im Grunde bis heute Wirkung zeigen. So hat er zwar bei den Fallschirmjägern den verlängerten Wehrdienst absolviert, wählte dann aber sehr bewusst einen Beruf, bei dem er seiner zukünftigen eigenen Familie ein derart unstetes Leben, wie wir es geführt haben, nicht zumuten musste. Doch auch bei uns Eltern tat sich in diesem Jahr einiges. Jost wurde von Juni bis September 1998 zum Einsatz in Bosnien abkommandiert, und ich nutzte diese Zeit, um mehrere Monate im nunmehr polnischen Schlesien zu verbringen. Nach der Zwischenprüfung hatte ich anstelle der Kunstgeschichte die Europäische Ethnologie als Hauptstudienfach gewählt und sehr bald danach mit Forschungen über das Leben der deutschen Minderheit in Polen begonnen. Nun hatte ich durch die lange Abwesenheit meines Mannes die Möglichkeit, zunächst einmal mit einem DAAD-Stipendium einen sechswöchigen Polnisch-Lehrgang an der Universität Breslau zu belegen und anschließend am Untersuchungsort in Oberschlesien die letzten Recherchen für meine Diplomarbeit durchzuführen. Diese beruflich bedingte monatelange Abkommandierung meines

Mannes nach Bosnien war also durchaus kompatibel mit meinen damaligen Zielen. Ich glaube aber nicht, dass ich sie als ganz normale Ehefrau ohne Studium und Beruf auch so willig hingenommen hätte.

Wien!
Die Lösung nach der Pensionierung

Im letzten Jahr vor der Pensionierung im September 1999 absolvierte unser Sohn seinen Wehrdienst im Norden Deutschlands, unsere Tochter studierte inzwischen in München und ich hatte meine Magisterprüfung abgelegt und mit meinem Promotionsstudium begonnen, für das meine Anwesenheit an der Universität nur noch sporadisch nötig war. So konnte ich nun noch öfter als bisher in Brunssum sein.

Dabei stand die Frage, was jetzt kommen würde, ob wir nun endgültig nach Sendenhorst als einzigen Wohnort ziehen sollten, ständig im Raum. Schließlich kristallisierte sich im Sommer 1999 eine geradezu wunderbare Lösung heraus: eine zeitlich begrenzte Verwendung am OSZE-Generalsekretariat in Wien, ein Jahr, das für meinen Mann - nunmehr außerhalb der Bundeswehr - noch einmal eine spannende Herausforderung bedeutete und das es mir ermöglichte, an der Wiener Universität und begleitet durch das pralle Wiener Kulturleben an meiner Promotion zu arbeiten. Und so lebten wir während dieser Zeit glücklich und zufrieden nur wenige Meter entfernt vom Burgtheater in einer möblierten Altbauwohnung, während Garten und Haus in Sendenhorst durch Nachbarn betreut wurden. Noch einmal waren wir also dem endgültigen Ruhestand ausgebüchst, und das durch eine Anschlussverwendung, die Jost wohl ohne seine Erfahrungen als Offizier im In- und Ausland nicht bekommen hätte.

Im Frühjahr 2001 aber war es dann doch soweit: Wir kehrten ganz offiziell in unser Haus in Sendenhorst zurück, wo wir auch heute noch leben. Mein Mann war seitdem immer wieder für die OSZE tätig, zunächst ein Dreivierteljahr als vertrauensbildender Beobachter in Mazedonien, wo wir mitten in der Hauptstadt Skopje eine Wohnung mieteten, in der auch ich häufig anwesend war, und danach immer wieder als Wahlbeobachter in unterschiedlichsten Ländern. Ich selbst habe 2003 promoviert, ein noch heute existierendes kleines Unternehmen für die Entwicklung und Durchführung von kulturellen Projekten gegründet und war nebenbei etliche Jahre als Dozentin am Institut für Volkskunde/Europäische Ethnologie an der Universität Münster tätig. Unsere beiden Kinder haben uns drei Enkelkinder geschenkt, die aufgrund der gewählten Berufe ihrer Eltern ohne viele Orts- und Schulwechsel aufwachsen werden.

Fazit unserer 30 Jahre
„Familienleben im Schatten der Bundeswehr"

„Wenn wir heiraten, dann musst Du Dir darüber klar sein, dass für mich zuerst mein Beruf, die Armee, kommt – und dann erst kommt die Familie".

Damals in Amerika, als dieser erstaunliche Ausspruch meines zukünftigen Mannes fiel, konnte ich mir beim besten Willen nicht vorstellen, dass das ernst gemeint war und dass man überhaupt eine Ehe führen könnte unter dieser Prämisse. Aber er meinte es wirklich todernst und das, was er gesagt hatte, trat dann auch ein! Wir haben als Familie in den 30 gemeinsamen Jahren, in denen mein Mann aktiv als Bundeswehroffizier tätig war, tatsächlich ein Leben geführt, dessen Verlauf durch seinen Beruf und die damit verbundenen sehr speziellen Rahmenbedingungen weitgehend „diktiert" wurde.

Am Ende meiner Erinnerungen sollen deshalb noch einmal die für mich wichtigsten Kriterien des Bundeswehrlebens zusammenfassend dargestellt werden, sowohl hinsichtlich ihrer positiven als auch negativen Auswirkungen auf das Familienleben.

Versetzungen und Wohnortwechsel

Es sind zu allererst die häufigen Versetzungen des Familienvaters, die in unserer Bundeswehrzeit für Offiziere und ihre Familien ganz selbstverständlich

Teil ihres Lebens waren. Für Außenstehende mag es kaum nachvollziehbar sein, aber sie machen meiner Meinung nach einen wesentlichen Reiz des Offiziersberufs aus. Mit jeder Versetzung wartet auf den Offizier eine neue Aufgabe und Herausforderung, die sich von der vorhergehenden grundlegend unterscheiden kann – ganz abgesehen davon, dass das Durchlaufen von verschiedenen Verwendungen auch die Voraussetzung für die Erlangung eines höheren Dienstgrades ist. Als Frau eines Offiziers habe ich es durchaus geschätzt, dass von meinem Mann in seinem Beruf Fähigkeiten verlangt wurden wie Flexibilität im Denken und strukturiertes Handeln, Organisationstalent und die Fähigkeit zu delegieren, verantwortungsvolle Menschenführung und praktisch-technisches Verständnis – alles Eigenschaften, die sich auch im normalen Familienleben durchaus positiv auswirken können.

Das Führen einer Wochenendehe war in unserer Zeit die Ausnahme, und so war mit der Versetzung des Familienvaters in der Regel automatisch ein Umzug der gesamten Familie an den neuen beruflichen Standort verbunden. Das Umziehen an einen neuen Wohnort haben wir keineswegs nur als Belastung empfunden. Das Vorbereiten des Wohnortwechsels, das Aussortieren und neue Ordnen des gesamten Haushaltes, das Einrichten der neuen Wohnung und die Erkundung der meist noch völlig unbekannten Umgebung, aber auch die Erschliessung neuer Freundes- und Bekanntenkreise – das alles hatte durchaus seinen Reiz.

Dass es dennoch eine ganze Reihe von Situationen gab, die uns als Familie an den Rand der körperlichen und psychischen Belastbarkeit brachten, lag zum einen an den relativ kurzen Verweildauern an dem jeweiligen Standort, zum anderen aber auch an den durch den Dienstherrn gesetzten Rahmenbedingungen, die teilweise alles andere als optimal waren.

Das Problem der Wohnungssuche

Das fing bei der Suche nach einer geeigneten Wohnung am neuen Standort an, die für uns in der neuen Umgebung als sicheres und vertrautes Zuhause und als Grundlage für ein schnelles Einleben eine besondere Bedeutung hatte und deshalb so gut wie nur irgend möglich auf unsere Bedürfnisse zugeschnitten sein sollte. Immer aber gab es auch die Notwendigkeit, schnellstmöglich eine geeignete Bleibe zu finden, denn die zu erwartende Verweildauer am neuen Wohnort war ja kurz, und die Kinder sollten am Anfang eines Schuljahres oder auch Halbjahres vor Ort sein. Qualität und den richtigen Zeitpunkt unter einen Hut zu bekommen war schwierig, so dass wir mehrmals zu Notlösungen greifen mussten, die zu klein, nicht gut ausgestattet oder auch zu teuer waren – ganz abgesehen davon, dass die Wohnungen bezüglich ihres Raumangebots und ihrer Ausstattung immer gravierende Unterschiede aufwiesen. So lag die Wohnfläche, die wir in unseren diversen Häusern zur Verfügung hatten, zwischen 75 und 200 qm; wir hatten Häuser mit und andere ohne Einbauküche, mit Parkett und Fliesen und andere mit Teppichboden, mit eingebauten Kleiderschränken und andere ohne. Bei jedem Umzug musste immer das, was gerade nicht vorhanden war, besorgt oder schon Vorhandenes umgeändert werden; was wir zu viel hatten, wurde in der Garage oder im Keller eingelagert. All diese Unannehmlichkeiten kosteten Kraft und Geld und – was vielleicht noch schlimmer war – sie erschwerten den Anfang am neuen Lebensort und förderten die Unzufriedenheit.

Mit der Wohnungsfürsorge der Bundeswehr, die es auch heute noch gibt und deren Aufgabe es ist, die Familien bei der Wohnungssuche zu unterstützen, haben wir durchweg schlechte Erfahrungen gemacht. Erschreckend war der mangelnde Unterstützungswille und die herablassende und gleichgültige Haltung der Verwaltungsbeamten uns gegenüber; aber auch der Zustand unserer Häuser in Külsheim und Stadtallendorf, für die die Bundeswehrverwaltung zumindest indirekt selbst zuständig war, war denkbar schlecht und im Grunde eine Zumutung für uns als Mieter. Schon damals hätten wir uns gewünscht, dass der Staat als Dienstherr, der für die Versetzung seiner Offiziere verantwortlich ist, die Familien um einiges tatkräftiger unterstützt, mit dem Ziel, eine bestmögliche Wohnungslösung anzubieten im Hinblick auf die Größe, den Zustand, die Ausstattung, die Lage und den Preis.

Auswirkungen der Versetzungen auf die Kinder

Den Kindern von Offizieren wird durch die Versetzungen ohne Zweifel sehr viel abverlangt, und wir haben wie viele andere Offiziersfamilien die bittere Erfahrung gemacht, dass nicht jedes Kind gleich gut damit zurechtkommt. Während für unsere Tochter alles Neue schon immer einen großen Reiz hatte und sie auch keine Probleme hatte, auf andere zuzugehen, war für unseren eher zurückhaltenden Sohn, der feste Bezugspersonen und ein sicheres und beständiges Umfeld brauchte, jeder Ortswechsel eine Herausforderung, der er sich nur ungern stellte. Die Folge waren schwere gesundheitliche Beeinträchtigungen, durch die sich dann weitere Probleme u.a. in der Schule ergaben. Uns als Eltern hat das Wissen, dass man ein Kind aufgrund des Berufs des Vaters einer derartigen Belastung aussetzen muss, obwohl es dafür nicht geeignet ist und darunter leidet, sehr belastet, und natürlich haben wir alles versucht, um unserem Sohn bestmöglich zu helfen.

Unserer Erfahrung nach sind es jedoch nicht so sehr die Umzüge in eine neue Umgebung, sondern die damit verbundenen Schulwechsel, die den Bundeswehrkindern die Schullaufbahn extrem erschweren und somit ein besonderes Problem darstellen. Unsere Kinder haben Schulen in vier verschiedenen Bundesländern und zwei Auslandsschulen kennen gelernt, und jede Schule lehrte gemäß den Vorgaben des jeweiligen Bundeslandes nach einem anderen Lehrplan. So gut wie nie konnten unsere Kinder in den neuen Schulen an den vorangegangenen Lehrstoff nahtlos anschließen, und sie waren nicht selten gezwungen, Fächer zu belegen, die an der früheren Schule überhaupt nicht angeboten wurden. Selbst unsere Tochter, der die Umzüge weniger Schwierigkeiten bereiteten zog es vor, ab der 10. Klasse Gymnasium ein Internat zu besuchen, um dort ohne weitere Schulwechsel ihr Abitur zu machen. Dazu kam, dass nur wenige Lehrer Verständnis zeigten für die besondere Situation der Kinder, die bei jedem Schulwechsel viel Kraft aufbringen mussten, um auf denselben Stand wie ihre Klassenkameraden zu kommen. Der Dienstherr wusste von diesen Schwierigkeiten und übernahm für eine gewisse Zeit die Kosten für die nötigen Nachhilfestunden. Dass Kinder durch den ständigen Schuldruck, die Nutzung von Ferien- und Freizeiten zur Aufarbeitung des Stoffes, sowie durch die Anstrengungen, sich immer wieder in eine neue Klassengemeinschaft integrieren zu müssen, auch psychische und gesundheitliche Probleme entwickeln können, das wurde in keiner Weise berücksichtigt.

Trennungszeiten

Eine andere Besonderheit des Offiziersberufes sind die häufigen Abwesenheiten des Familienvaters aufgrund von Einarbeitungsphasen vor der Übernahme einer neuen Aufgabe, Lehrgängen, Übunsgplatzaufenthalten oder zeitlich begrenzten Kommandierungen für besondere Verwendungen im In- und Ausland. Ob diese Trennungszeiten zu Familienproblemen führen oder nicht, liegt ganz wesentlich an der Persönlichkeit der Ehefrau und Mutter und wie sie mit dem Alleinsein und der Verantwortung, die ihr aufgelastet wird, zurechtkommt. Ich habe vor allem jüngere Frauen erlebt, die frisch verheiratet waren, noch keine oder kleine Kinder hatten und denen die Trennung sehr schwer fiel. In solchen Fällen war es gut, dass man innerhalb der Bundeswehr in diversen Kreisen aufgefangen wurde und man eigentlich immer Gleichgesinnte fand, mit denen man sich austauschen und gemeinsam etwas unternehmen konnte. In meiner Erinnerung waren für unsere Familie die vielen kürzeren und längeren Trennungsphasen eigentlich nie ein Problem. Meine langjährige Berufstätigkeit, die mir neben allen anderen Aufgaben wenig Zeit ließ, darüber nachzudenken, mag mit ein Grund sein. Die Kinder und ich haben uns jedoch auch mit der Zeit daran gewöhnt, ohne großes Klagen immer wieder ohne den Familienvater zurecht zu kommen, wobei das beruhigende Wissen, dass er – ganz anders als heute! – in seiner Abwesenheit keiner besonderen Gefahr ausgesetzt sein würde, dazu positiv beigetragen hat. So war seine Rückkehr immer ein Grund, sich bewusst darauf zu freuen, um sich dann gegenseitig zu erzählen, was jeder in der Zwischenzeit erlebt hatte.

Die Offiziersfrau - Aufgaben, Pflichten, Freuden

Von der Frau eines Offiziers wurde in unserer Zeit tatsächlich sehr viel erwartet, nicht nur von der eigenen Familie, sondern unausgesprochen auch von der Bundeswehr. So war es selbstverständlich, dass sie ihren Mann in seinem Beruf unterstützte. Dabei ging es nicht nur darum, dass sie aufgrund seiner häufigen Abwesenheiten im Grunde tagtäglich für Haushalt, Kindererziehung und -ausbildung, Umzüge und Neueinrichtung des täglichen Lebens mehr oder weniger alleine verantwortlich war; bei bestimmten Verwendungen ihres Mannes z.B. als Kommandeur einer kleineren oder auch größeren Einheit ging man auch davon aus, dass sie sich aktiv mit einbringt in der Fürsorge für Angehörige der zugehörigen Offiziere oder der Leitung eines Damenkreises. Das alles, ohne dass sie auf der Gehaltsliste der Bundeswehr stand. Und natürlich war die Offiziersfrau auch eine gefragte Begleiterin bei dienstlichen und zivilen gesellschaftlichen Veranstaltungen inklusive der vielen geradezu legendären Bundeswehrbälle und -feste.

Sehr schwierig war es damals für Offiziersfrauen, eine längere Ausbildung zu absolvieren oder einer geregelten Berufstätigkeit nachzugehen, wenn man nicht getrennt voneinander leben wollte. Verantwortlich dafür waren zum einen die kurzen Standzeiten, die ja auch den potentiellen Arbeitgebern bekannt waren, zum anderen der hohe Kräfteaufwand für das Einrichten der Familie am neuen Ort und – parallel dazu – die Einarbeitung in immer wieder neue berufliche Aufgaben.

Wenn ich dennoch unter diesen erschwerten Bedingungen über viele Jahre berufstätig war, dann ist das vor allem dem Umstand geschuldet, dass mein Verdienst für die Finanzierung unseres Hauses unverzichtbar war. Allerdings wurden mir, die ich am Anfang unserer Ehe keine umfassende Berufsausbildung vorweisen konnte, durch die häufigen Ortswechsel, gerade was meinen beruflichen Werdegang angeht, besondere Möglichkeiten eröffnet. Die vergleichsweise lange Standzeit und die günstigen Rahmenbedingungen im ländlichen Külsheim waren ideal, um das Abitur nachzuholen; die sich anschließenden verschiedenen Berufstätigkeiten an vier verschiedenen Standorten bauten aufeinander auf und führten mich schließlich am Ende unserer aktiven Zeit bis zum Studium und zur Promotion.

Wenn ich mein Leben als Frau eines Offiziers in der Rückschau betrachte, dann war es ohne Zweifel abwechslungsreich, wobei „Freud und Leid" nah beieinander lagen. Die Einschränkungen, Pflichten und zusätzlichen Belastungen aufgrund von Versetzungen und Trennungszeiten sind die eine Seite der Medaille; die Chance, neue Regionen und Menschen kennenzulernen, die vielen Gestaltungsmöglichkeiten und die Tatsache, dass ich als Offiziersfrau vieles mit meinem Mann gemeinsam bewegen konnte, die andere.

Aber eines ist klar: Nicht jede Frau möchte so ein Leben führen, das durch den Beruf des Mannes bestimmt ist, und andererseits ist auch nicht jede Frau dafür geeignet! Der Offizier weiß von Anfang an, was beruflich auf ihn zukommt; die Frauen dagegen haben bei der Eheschließung, wie das auch bei mir der Fall war, meist keine Vorstellung davon, was sie wirklich erwartet. Mangels frühzeitiger und gründlicher Aufklärung sind aus diesem Grund schon damals viele Ehen in unserem Bekanntenkreis in die Brüche gegangen.

Die Finanzen

Zu guter Letzt noch ein Wort zu den finanziellen Rahmenbedingungen, die wir als Bundeswehrfamilie erlebt haben und die teilweise äußerst unbefriedigend waren. Daran schuld waren wir zunächst einmal selbst! Wir haben uns die Erfüllung eines Wunsches geleistet, den sich eine vagabundierende Bundeswehrfamilie, die nur auf das Gehalt des Familienvaters zurückgreifen kann, besser nicht leisten sollte: Mit dem Ziel, für uns und unsere Kinder eine Art Heimatort zu schaffen, haben wir schon in jungen Jahren ohne viel Geld ein Haus erworben, es mit viel Eigenarbeit restauriert und lange Jahre vermietet, um nach der Pensionierung auf Dauer dorthin zurückzukehren. Finanziell war das nur zu stemmen, weil ich neben den vielfältigen Aufgaben als Offiziersfrau und Mutter an jedem folgenden Standort berufstätig war und wir zusätzlich das Glück hatten, drei (!) Mal – und das ist wiederum etwas, wofür wir dankbar sind - ins Ausland versetzt zu werden, wo das höhere Auslandsgehalt vieles erleichterte.

Es gab in den Jahren jedoch auch immer wieder Erfahrungen, durch die unsere finanzielle Situation noch zusätzlich erschwert wurde und die allein den besonderen Gegebenheiten des Offiziersberufs geschuldet waren. Obwohl der Staat für die Kosten des Umzugs und vor allem auch des Umzugsunternehmens vollständig aufkommt, bedeutete für uns jeder Wohnortwechsel zum Teil erhebliche finanzielle Nachteile. So deckte die sog. Umzugspauschale aufgrund der unterschiedlich ausgestatteten Wohnungen an jedem Standort und der sich dadurch ergebenden Notwendigkeit von Neuanschaffungen, Änderungen und Malerarbeiten in der Regel keineswegs alle entstehenden Kosten ab; die unvermeidliche Kündigung meines jeweiligen Arbeitsplatzes hatte stets zur Folge, dass sich unser Einkommen zumindest so lange, bis ich etwas Neues gefunden hatte, gravierend verringerte; und nicht zuletzt waren die Mietzahlungen in jedem Standort unterschiedlich hoch, so dass sich daraus – wie zum Beispiel beim Umzug von Stadtallendorf nach Heidelberg – trotz der Ortszuschläge eine erhebliche Mehrbelastung ergeben konnte.

Ein besonderes Ärgernis aber war der Umstand, dass der Erlös aus der Vermietung unseres eigenen Sendenhorster Hauses als zu versteuerndes Einkommen

gewertet wurde, während unsere weit höheren Mietzahlungen am beruflichen Standort steuerlich nicht
berücksichtigt wurden, so dass sich hier eine für uns
nur schwer zu akzeptierende Diskrepanz ergab. Das
Argument, dass das die normale Gesetzeslage für alle
Bürger sei, überzeugt meiner Meinung nach nicht, da
es sich hier um staatlich verordnete Versetzungen handelt, die der zivile Bürger in der Regel nicht auf sich
nehmen muss.

Zum Schluss

Unser Familienleben mit der Bundeswehr war also
durchaus mit einer ganzen Reihe von schwierigen Be-
gleitumständen belastet. Aber es gibt eben auch die
andere Seite. Wir haben in den 30 Jahren mit der
Bundeswehr ohne Zweifel ein überaus abwechslungs-
reiches Leben geführt mit vielen unvergesslichen Er-
lebnissen und wertvollen Erfahrungen, die Spuren bei
uns und unseren Kindern hinterlassen haben und die
Menschen, die immer an einem Ort verweilen, nicht
geboten bekommen.

Gedanken zur gegenwärtigen Situation von Bundeswehrfamilien

Meine Aufzeichnungen über unser Leben mit der Bundeswehr betreffen den Zeitraum 1969-1999, und es ist wahr: Wir haben heute nur noch wenige Berührungspunkte mit unserem früheren Arbeitgeber. Macht es dann überhaupt einen Sinn, wenn ich am Ende meines Buches meine ganz persönliche Meinung als Frau eines ehemaligen Offiziers zu der aktuellen Situation von Bundeswehrfamilien äußere?

Ich denke schon. Zum einen habe ich dreißig Jahre Bundeswehrerfahrung zu bieten und vieles, was unser Familienleben mit der Bundeswehr ausmachte, hat auch heute noch seine Gültigkeit; zum anderen aber ist eine vergleichende Betrachtung zwischen unserem und dem heutigen Leben von Bundeswehrfamilien durchaus interessant, denn es gibt auch Grundsätzliches, was sich geändert hat und was in der Gegenwart zu weit größeren Anforderungen und Problemen führt, als wir es jemals erlebt haben.

„Familie und Dienst sind keine Gegensätze sondern eine Einheit" - so die Überschrift zum Kapitel „Familie und Dienst" der Website „Karriere Bundeswehr".[10] Darunter ist das Bild einer jungen Frau mit ihrem kleinen Sohn in Rückenansicht zu sehen, die beide dem in einen Tarnanzug gekleideten Vater und Ehemann nachblicken, der – ohne sich noch einmal umzusehen – seinem neuen Auftrag entgegengeht.

Ergänzend findet der Leser einen Text, in dem sich die Bundeswehr als fürsorglicher Arbeitgeber vorstellt, der nicht nur die hohen und außergewöhnlichen beruflichen Anforderungen, mit denen Soldaten heute rechnen müssen, im Blick hat, sondern auch das Wohl der zugehörigen Familien, die direkt von den Auswirkungen dieses Berufs betroffen sind. Gleichzeitig wird beteuert, dass im Rahmen einer umfassenden Familienfürsorge alles getan wird, um die Vereinbarkeit von Dienst und Familie zu gewährleisten.

Schließlich findet der Leser einen Hinweis auf das sog. „Handbuch zur Vereinbarkeit von Familie und Dienst" (Allgemeiner Umdruck 1/500), in dem alle Dienstleistungsangebote, die den Familien zugutekommen sollen, aufgeführt sind. Neben Angeboten, wie zum Beispiel der sog. Wohnungsfürsorge[11], die es schon in unserer Zeit in derselben Form gegeben hat, liegt der Schwerpunkt nun auf allen möglichen beratenden Maßnahmen, die den veränderten Rahmenbedingungen für den Soldatenberuf geschuldet sind. Sie werden durch ein „Netzwerk der Hilfe" durchgeführt, zu dem unter anderem auch die sog. Familienbetreuungszentren (FBZ) gehören. Das sind Einrichtungen, in denen „Fachkräfte [...], die über interdisziplinäre wissenschaftliche Kenntnisse im Umgang mit psychischen, physischen und sozialen Problemen verfügen", die Familien in allen problembehafteten familiären Angelegenheiten beraten. Aufgabenfelder sind u.a. die Vor- und Nachbereitung sowie Begleitung der Auslandseinsätze, Fragen zur Ehe, Partnerschaft und Kindererziehung, finanzielle Schwierigkeiten, Suchtgefahren und Abhängigkeiten. Und auch die Unterstützung der Familien bei ihrer Suche nach geeigneten Betreuungsmöglichkeiten für ihre Kinder in Kitas, Tagesstätten und Horten gehört dazu, wobei – ähnlich wie bei der Wohnungsfürsorge – vorrangig Informationen, wo sich diese Einrichtungen befinden, zur Verfügung gestellt werden.

Familie und Dienst sind keine Gegensätze; vielmehr ergänzen sie sich. In unserer Zeit wurde das als selbstverständlich angenommen, was ja auch die von mir beschriebene Verpflichtung der Ehefrau, bei bestimmten Verwendungen mit an den Standort zu ziehen, ihre Einbindung in die Fürsorge für Untergebene und die Teilnahme am gesellschaftlichen Leben am beruflichen Standort ihres Mannes belegt. All das wird heute den Ehefrauen von Offizieren nicht mehr zugemutet und, zumindest was die Fürsorge für die Familien angeht, durch professionelles Beratungspersonal geleistet. Die beruflichen Rahmenbedingungen und Anforderungen haben sich offenbar so stark verändert, dass die grundsätzliche Vereinbarkeit von Dienst und Familie nicht mehr als selbstverständlich angenommen werden kann.[12]

Die Bundeswehr hat mit ihrem umfangreichen Maßnahmenkatalog zur Lösung dieses Problems ohne Zweifel große Anstrengungen unternommen, und dennoch: Immer häufiger weisen Sendungen im Radio und Fernsehen sowie Beiträge in Zeitschriften auf die wenig attraktiven Rahmenbedingungen für Bundeswehrfamilien hin; auch der eingangs erwähnte Artikel von Katrin Hummel „Wer soll das mitmachen?" zeigt überdeutlich auf, dass das Ziel, Familie und Dienst kompatibel zu gestalten, in der Realität nicht erreicht wurde, und dass auch deshalb ein beängstigend hoher Prozentsatz von Soldatenehen geschieden wird. Die im Handbuch und auf den Webseiten der Bundeswehr so angepriesenen Maßnahmen scheinen also nicht zu greifen.

Dafür aber gibt es meiner Meinung nach plausible Gründe: Mit der Abschaffung der Wehrpflicht, der drastischen Reduzierung der Personalstärke und der Bundeswehrstandorte und – vor allem auch – der neuen Ausrichtung des Auftrags der Bundeswehr als Krisenmanager und Bekämpfer des internationalen Terrorismus, sind Begleitumstände verbunden, die dazu führen, dass vieles, was früher für die Familien der Soldaten hilfreich war oder sogar einen besonderen Reiz ausmachte, verloren gegangen ist. Wenn ich zum Beispiel in meinen Aufzeichnungen so locker über unsere damalige relativ problemlose Bewältigung von Trennungszeiten berichtet habe, dann muss das in der gegenwärtigen Situation für die Familien der Soldaten zynisch wirken! Mit dem neuen Auftrag der Bundeswehr sind auch Einsätze des Familienvaters oder auch der Familienmutter (!) in unsicheren Kriegsgebieten und damit monatelange Trennungszeiten unter schwierigsten Umständen verbunden. In diesen Fällen ist die zurückbleibende Familie ja nicht nur für längere Zeit völlig allein auf sich gestellt; sie lebt in ständiger Sorge, dass der Ehepartner bzw. die Mutter/der Vater der Kinder in Gefahr ist, verletzt oder sogar getötet zu werden, oder auch traumatische Erfahrungen macht, die das Ehe- und Familienleben im Nachhinein belasten könnten. Diese nervliche Anspannung ist unvermeidbar; niemand kann sie abnehmen – auch nicht ein Sozialdienst der Bundeswehr mit seinen professionellen Beratungsstellen, der in der Regel ja sowieso erst im absoluten Notfall in Anspruch genommen würde.

Zudem ist ein „Mitziehen" der Familien der Offiziere bei Versetzungen in Krisengebiete aufgrund der besonderen Gefahrenlage und der relativ kurzen Zeitspanne grundsätzlich unmöglich. Und da den Soldaten der zukünftige berufliche Werdegang und die damit verbundenen Verwendungen, die Verweildauer und die Standorte nicht bekannt sind, ziehen es verständlicherweise viele Familien vor, an einem vertrauten Ort mit einem intakten und bekannten sozialen Umfeld wohnen zu bleiben, von dem sie jederzeit Unterstützung erhalten und in dem sie sich geborgen wissen. Dabei darf auch nicht vergessen werden, dass die Frauen weit emanzipierter und selbstbewusster denken und agieren als es früher der Fall war. Das trifft insbesondere auf die Erziehung und das Wohlergehen ihrer Kinder zu als auch auf ihre eigenen Möglichkeiten, einen Beruf auszuüben – wichtige Aspekte, die für die Familienzufriedenheit eine große Rolle spielen und die durch die hohen Anforderungen und die zeitliche und räumliche Flexibilität, die heute von den Soldaten verlangt werden, nach wie vor in der Planung des Arbeitgebers Bundeswehr zu wenig Berücksichtigung finden.

So führen heute viele Familien auf Dauer eine Wochenendbeziehung, ganz gleich wie weit der berufliche Standort des Vaters/der Mutter entfernt ist – eine Lösung, die keine ist, denn die innerfamiliäre Entfremdung ist damit vorprogrammiert! Ein stabiles Familienleben, das sich in der Regel auch positiv auf die beruflichen Leistungen auswirkt, ist damit immer weniger gegeben.

Aber auch in anderer Hinsicht wird eine Abwärtsspirale in Gang gesetzt, wenn viele Soldaten/Soldatinnen nicht mehr mit ihren Frauen/Männern und Kindern an den beruflichen Standort umziehen. Diese Orte werden dann zu reinen Dienstorten, die an den Wochenenden mehr oder weniger tot sind; das gesellschaftliche Leben, das in unserer Zeit eine so große Rolle spielte und nicht nur das normale Alltagsleben bereicherte, sondern auch in familiären Krisen- und Trennungszeiten für die Familien eine privat initiierte, aber effektive Hilfe war, wird auf ein Minimum reduziert, genauso wie der Austausch mit dem zivilen Umfeld. Die Folge ist, dass die Standorte als Wohnorte für die Familien immer uninteressanter werden,

was weitere Wochenend-Ehen und damit auch Schei-
dungen nach sich zieht.

Gleichzeitig wird die Wahrscheinlichkeit, dass Famili-
en die Fürsorgemaßnahmen des Arbeitgebers Bundeswehr an den Standorten in Anspruch nehmen, immer
geringer; aber auch die Bundeswehr verliert den Anschluss an die Familien der Soldaten und damit die
Möglichkeit, unterstützend einzugreifen.

Diese ungünstige Entwicklung wird noch verstärkt,
wenn die Soldaten mit ihren Familien auch noch andere negative Erfahrungen machen. Aus eigenem Erleben
weiß ich, wie sehr zum Beispiel eine lustlos arbeitende
Wohnungsfürsorge den Anfang am neuen Standort erschweren kann. In der heutigen Zeit aber geht es nicht
selten für die Familien um existentielle und weit wich-
tigere Probleme, wenn zum Beispiel – und hier beziehe
ich mich noch einmal auf den Artikel von Katrin Hummel – die Personalführung der Bundeswehr für Ehepartner, die beide Soldaten sind, keine gemeinsamen
Personalgespräche und Dienstorte ermöglicht, wenn
den häufigen Versetzungen extrem kurze Vorlaufzei-
ten vorangehen und wenn diese Umstände dann auch
noch dazu führen, dass für die Kinder kein KITA- oder
Hortplatz in kommunaler Trägerschaft gefunden werden kann und die Familienkasse durch hohe Kosten für
eine private Einrichtung zusätzlich belastet wird.[13]

Das alles muss bei den betroffenen Soldaten und ihren Familien den Eindruck erwecken, dass ihre durchaus verständlichen Bedürfnisse von dem Arbeitgeber Bundeswehr nicht ernst genommen werden, und damit steht im Grunde genommen alles in Frage, was im Rahmen der Werbung der Bundeswehr für den Eintritt in die soldatische Laufbahn im Hinblick auf die Familienfürsorge versprochen wird.

Mit der Abschaffung der Wehrpflicht hat sich die Bundeswehr zur Berufsarmee entwickelt, die hoch qualifiziertes Führungspersonal benötigt, das auch für andere Arbeitgeber von Interesse ist. Sie steht damit im direkten Wettstreit mit der freien Wirtschaft und deren attraktiven Einstellungsbedingungen. Die weitgehend problemlose Vereinbarkeit von Dienst und Familie und exzellente Rahmenbedingungen für das allgemeine Wohlergehen der Familie sind in dieser Situation das Mindeste, was ein Soldat der Bundeswehr heute erwarten kann und wohl auch erwartet, wenn er sich für die soldatische Laufbahn in der Bundeswehr entscheidet.

Nun gibt es ja neben der Bundeswehr die vielen Streitkräfte anderer Länder, die sich mit denselben Problemen befassen müssen und entsprechend ihren individuellen Besonderheiten sehr unterschiedliche Lösungswege gefunden haben. Meiner Meinung nach würde es sich lohnen, diese im Hinblick auf die eigenen Notwendigkeiten und Möglichkeiten abzuklopfen.

So finde ich zum Beispiel den Umgang mit den Familien in der amerikanischen Armee sehr interessant, in der die Soldaten in der Regel noch öfter als in der Bundeswehr und dazu an Orte in der ganzen Welt versetzt werden. Das Wohl der Familien hat hier seit jeher einen hohen Stellenwert, und man versucht alles zu tun, um ihnen das Leben zu erleichtern. So ist es nicht wie bei uns üblich, dass die Soldaten mit ihrem kompletten Haushalt umziehen; vielmehr werden überall mehr oder weniger identisch möblierte Wohnungen und Häuser zur Verfügung gestellt, in die nur eine geringe Anzahl von persönlichen Gegenständen integriert werden. Teilweise werden im Ausland für die Soldaten durch die Armee zusätzlich Privathäuser angemietet, die jedoch auch mit amerikanischem Mobiliar aus einem in jeder amerikanischen Siedlung vorhandenen Möbellager ausgestattet werden.

Zweifellos hat das – zunächst einmal – große Vorteile für die Familien: Sie müssen sich um den Umzug oder die Suche nach einem neuen Zuhause überhaupt keine Gedanken machen. Und da sie am neuen Standort aufgrund der ähnlichen Siedlungsstrukturen stets in ein mehr oder weniger vertrautes Umfeld kommen – die amerikanischen Siedlungen verfügen über eine vollständige und perfekt auf die Bewohner abgestimmte Infrastruktur mit Kasino/kulturellem Zentrum, Schulen und Kindergärten, Sporteinrichtungen und Einkaufsmöglichkeiten wie das berühmte PX, in dem man alle Lebensmittel und Kleidung kaufen kann, die man vom

Heimatland her kennt –, ist auch die Eingewöhnungsphase aller Familienmitglieder sehr kurz. Insbesondere für die Kinder und Heranwachsenden führen zudem genormte Lehrpläne in den amerikanischen Schulen weltweit dazu, dass der Übergang in die Schule am neuen Standort des Vaters kaum Schwierigkeiten bereitet. (Wie schwer dagegen die Lösung gerade dieses Problems für deutsche Soldatenfamilien ist und wie hart das Schulleben für Kinder von Bundeswehroffizieren sein kann, darüber habe ich ja oben ausführlich berichtet.) Andererseits ist mit der Normierung der Häuser und Wohnungen und der amerikanischen „Rundumversorgung" eine Art selbstverordnetes „Leben im Ghetto" verbunden, in dem alles auf das Funktionieren der Armee ausgerichtet ist und die individuelle Persönlichkeitsentwicklung eine untergeordnete Rolle spielt.[14]

In der Bundeswehr dagegen gilt das Leben im persönlich gestalteten Umfeld und die individuelle Entwicklung der Familien als hohes Gut, das jedoch angesichts der ungünstigen Rahmenbedingungen und vieler Schwierigkeiten bei den häufigen Standortwechseln nicht selten teuer durch die betroffenen Familien erkauft wird.

Was also könnte man von den Amerikanern lernen bzw. übernehmen?

Schon die Tatsache, dass man in der amerikanischen Armee seit langem erkannt hat, wie wichtig das Wohlergehen der Familien für die Soldaten und auch für die Armee ingesamt ist, ist vorbildhaft. Dennoch mögen viele der beschriebenen Maßnahmen und Angebote, die die USA für ihre Soldaten für angemessen hält, für die relativ kleine Bundeswehr nicht in Frage kommen; einiges aber wie z.B. die attraktive und hilfreiche Infrastrukur in den Kasernen und Wohnbereichen mit Kinderbetreuungsstätten und Schulen mit einheitlichen Lehrplänen scheint mir durchaus überlegenswert.

Schluss

Die Betonung der Notwendigkeit einer besseren „Vereinbarkeit von Dienst und Familie" auf den Webseiten der Bundeswehr und die Tatsache, dass man einen komplexen Maßnahmenkatalog entworfen hat, um dieses Problem in den Griff zu bekommen, zeigen, dass man auch in der Bundeswehr erkannt hat, dass nicht nur die berufliche Zufriedenheit der Soldaten sondern auch das Wohlergehen ihrer Familien immens wichtig ist für die Funktionsfähigkeit der Armee, denn nur unter dieser Bedingung wird es in der heutigen Zeit möglich sein, ausreichend Menschen zu finden, die die soldatische Laufbahn einschlagen.

Soll diese Erkenntnis aber wirklich Früchte tragen, dann muss sie in allen Institutionen der Bundeswehr umgesetzt und mit Leben erfüllt werden. Die Soldaten und ihre Familien müssen zu jeder Zeit spüren, dass man ihre Problemen ernst nimmt, dass sich daraus positive Veränderungen ergeben und dass ihre Opfer und ihr Einsatz für den Staat gesehen und wertgeschätzt werden.

Anmerkungen

1 FAS vom 27.4.2014, Nr. 17, S.43.

2 Vgl. dazu www.bundeswehr.de (Portal Multimedia)

3 Es gab damals drei Heeresoffiziersschulen in Hamburg, Hannover und München, an denen die Offiziersanwärter mit einem zwölf Monate dauernden Lehrgang ihre insgesamt zweijährige Ausbildung zum Offizier abschlossen. Es war Aufgabe der Hörsaaloffiziere, die Hörsaalleiter bei der Ausbildung der Offiziersanwärter zu unterstützen und sich gleichzeitig um ihr Wohlergehen zu kümmern.

4 Diese Kadetten der persischen Armee nahmen an der vollständigen deutschen Offizierausbildung teil. Sie trugen deutsche Uniformen mit persischen Dienstgradabzeichen.

5 Diese Aufgabe fällt bei der Bundeswehr oft allein dem Famlienvater zu, der während seiner Einarbeitungszeit in die neue Verwendung schon vor Ort ist und sich darum kümmern kann.

6 Bundesdarlehenswohnungen werden mit zinsgünstigen Bundesdarlehen gebaut, mit der Auflage, sie für eine bestimmte Anzahl von Jahren an Bundesbedienstete zu einem ermäßigten Mietsatz zur Verfügung zu stellen. Zu unserer Zeit übernahm die Wohnungsfürsorge der Bundeswehr die Vermittlung und Verwaltung dieser Wohnungen. Das wiederum führte häufig zu einer Verwahrlosung der Gebäude. Auszubaden hatte dieses Dilemma die betroffene Bundeswehrfamilie, die aufgrund der meist nur kurzen Zeit, die sie an diesem Standort verbrachte, darauf angewiesen war, möglichst schnell eine Wohnung zu finden.

7 Von Külsheim aus wurden die Truppenübungsplätze Grafenwöhr und Hohenfels angefahren, die beide ca. 230 Kilometer entfernt lagen. Die Panzer fuhren dazu zunächst einmal zwölf Kilometer in Kolonne über die Landstraße nach Tauberbischofsheim, wo sie auf die Bahn verladen wurden. Das gesamte Unternehmen dauerte fast einen ganzen Tag.

8 Zu einer Panzerkompanie gehörten damals ca. 17 Panzer, 22 Unteroffiziere und 50 Mannschaftsdienstgrade. Im Standort Külsheim waren zwei Panzerbataillone mit je vier Kompanien stationiert, die im Zuge der Umstrukturierung der Bundeswehr inzwischen aufgelöst wurden.

9 Zur damaligen Zeit ein dreimonatiger Lehrgang an der Führungsakademie der Bundeswehr zur Erlangung der Laufbahnvoraussetzung zur Beförderung zum Stabsoffizier bzw. Major.

10 https://mil.bundeswehr-Karriere.de; Stand 2.7.2014.

11 Die Hilfe erschöpft sich in der Zurverfügungstellung von Informationen zum jeweiligen Standort und der Vermittlung von Bundesdarlehenswohnraum, wenn es ihn denn gibt. Die eigentliche Wohnungssuche bleibt weiterhin dem Soldaten selbst überlassen.

12 Besonders schwierig ist die Situation für Familien, in der beide Ehepartner bzw. Vater und Mutter den Soldatenberuf ausüben - etwas, was es zu unserer Zeit nicht gab.

13 Vgl. dazu Anm. 1.

14 Damit ist auch eine gewisse Isolierung vom regionalen Umfeld im In- und Ausland vorprogrammiert, mit der Folge, dass die Chance, während des Aufenthaltes in der fremden Umgebung die Bewohner, Geschichte, Kultur und Sprache näher kennenzulernen, von vielen amerikanischen Familien nicht genutzt wird.